AF202505

Tucholsky Wagner Zola Scott Sydow Freud Schlegel
Turgenev Wallace Fonatne
Twain Walther von der Vogelweide Fouqué Friedrich II. von Preußen
Weber Freiligrath Frey
Fechner Weiße Rose von Fallersleben Kant Ernst Frommel
Fichte Richthofen
Engels Fielding Hölderlin
Fehrs Faber Flaubert Eichendorff Tacitus Dumas
Feuerbach Maximilian I. von Habsburg Fock Eliasberg Zweig Ebner Eschenbach
Ewald Eliot Vergil
Goethe Elisabeth von Österreich London
Mendelssohn Balzac Shakespeare Dostojewski Ganghofer
Trackl Lichtenberg Rathenau Doyle Gjellerup
Stevenson Hambruch
Mommsen Tolstoi Lenz Droste-Hülshoff
Thoma Hanrieder
Dach Verne von Arnim Hägele Hauff Humboldt
Reuter Rousseau Hagen Hauptmann
Karrillon Garschin Gautier
Damaschke Defoe Hebbel Baudelaire
Descartes Hegel Kussmaul Herder
Wolfram von Eschenbach Schopenhauer Rilke George
Bronner Darwin Dickens Grimm Jerome Bebel
Campe Horváth Melville Aristoteles Proust
Bismarck Vigny Barlach Voltaire Federer Herodot
Gengenbach Heine
Storm Casanova Tersteegen Gilm Grillparzer Georgy
Chamberlain Lessing Langbein Gryphius
Brentano Lafontaine
Strachwitz Claudius Schiller Kralik Iffland Sokrates
Katharina II. von Rußland Bellamy Schilling
Gerstäcker Raabe Gibbon Tschechow
Löns Hesse Hoffmann Gogol Wilde Gleim Vulpius
Luther Heym Hofmannsthal Klee Hölty Morgenstern Goedicke
Roth Heyse Klopstock Kleist
Luxemburg Puschkin Homer Mörike Musil
La Roche Horaz
Machiavelli Kierkegaard Kraft Kraus
Navarra Aurel Musset Lamprecht Kind Kirchhoff Hugo Moltke
Nestroy Marie de France Laotse Ipsen Liebknecht
Nietzsche Nansen Ringelnatz
Marx Lassalle Gorki Klett Leibniz
von Ossietzky May vom Stein Lawrence Irving
Petalozzi Knigge
Platon Pückler Michelangelo Kafka
Sachs Poe Liebermann Kock Korolenko
de Sade Praetorius Mistral Zetkin

Fünfzig Jahre Museumsarbeit

Wilhelm von Bode

Impressum

Autor: Wilhelm von Bode
Umschlagkonzept: toepferschumann, Berlin

Verlag: tredition GmbH, Hamburg
ISBN: 978-3-8424-8863-2
Printed in Germany

Text der Originalausgabe

Wilhelm von Bode

Fünfzig Jahre Museumsarbeit

Bielefeld und Leipzig
1922
Verlag von Velhagen & Klasing

Max Liebermann: Bildnis Dr. Wilhelm Bode, 1904.
Quelle: de.wikipedia.org

Vorwort

Der Herausgeber der Monatshefte hatte mich daran erinnert, daß in wenigen Monaten das fünfzigste Jahr sich vollende, seit ich als Beamter an die Berliner Museen berufen sei, und fragte an, ob ich nicht Erinnerungen aus dieser Zeit niedergeschrieben habe; sie würden auch für einen größeren deutschen Leserkreis selbst in dieser schwersten Prüfungszeit von Interesse sein. Allerdings habe ich Lebenserinnerungen niedergeschrieben, sogar ziemlich ausführliche, aber diese sind für meine Familie und für unsere Museen bestimmt; zur Veröffentlichung werden sie sich nur zum Teil eignen, und auch das erst nach meinem Tode. Die Wiedergabe kleiner persönlicher Erlebnisse scheint mir heute, wo wir Deutschen erst zum vollen Bewußtsein unserer wirtschaftlichen, politischen und geistigen Verelendung und dadurch hoffentlich einmal zum Wiederaufbau kommen werden, zu kleinlich. Dagegen habe ich mich gern bereitfinden lassen, von der Entwicklung unserer Sammlungen in dieser Zeit, soweit ich sie erweitert oder selbst ins Leben gerufen habe, einen Überblick zu geben. Freilich mußte er in dieser gedrängten Darstellung eine etwas lange und daher zum Teil selbst ermüdende Aufzählung von Tatsachen bringen, aber sie werden selbst dem mit unseren Sammlungen vertrauten Kunstfreund manches Neue bieten.

Bei den Mitteilungen über die Art der wichtigeren Erwerbungen verlangte es die mir gegebene Aufgabe, daß ich meine Bestrebungen und Erfolge für unsere Museen in den Vordergrund stellen mußte; dies tritt noch schärfer hervor durch die knappe Form, auf die ich angewiesen war. Persönliche Erlebnisse habe ich ausnahmsweise nur dann einfließen lassen, wenn sie eine allgemeine Bedeutung hatten, wie namentlich bei den einleitenden Bemerkungen über die Förderer und Protektoren unserer Museen in diesem Zeiträume, denen wir für unsere Erfolge zu besonderem Dank verpflichtet sind, und für deren Charakteristik sie mir einen, wenn auch nur bescheidenen, Beitrag zu liefern scheinen.

Im August 1922.
Bode

Die Berliner Museen und ihre Protektoren

Jeder kennt die Begründer unserer Sammlungen alter Kunst: Friedrich der Große, der feinsinnige Kunstfreund und erste leidenschaftliche Sammler unter den Hohenzollern, bestimmte seine Galerie in Sanssouci als Kunsttempel für jedermann; Friedrich Wilhelm III. ging weiter, indem er – schon bald nach seinem Regierungsantritt – durch Schinkel Pläne für ein Museum in Berlin entwerfen ließ, das alle plastischen und Gemälde-Schätze aus königlichem Besitz aufnehmen sollte. 1830 wurde der Schinkelsche Bau eröffnet, nachdem inzwischen noch manches erworben war, vor allem die große Galerie Solly mit ihren reichen Schätzen namentlich an Werken des fünfzehnten Jahrhunderts. Während der König der Kunst persönlich nicht näher stand, aber für ihre Förderung im öffentlichen Interesse volles Verständnis hatte, war sein Sohn Friedrich Wilhelm IV. von seltener künstlerischer Begabung; ihm verdankt das Museum auch seine Erweiterung durch das *Neue Museum* und die Überweisung und Erweiterung des Kupferstichkabinetts und der Kunstkammer, sowie die Begründung der ägyptischen Abteilung und einer großen Sammlung von Gipsabgüssen. Aber um die Gemäldesammlung in ähnlicher Weise zu bereichern wie sein Vater, fehlte es ihm an Entschluß und Ausdauer, Als sein Bruder Wilhelm ihm als König folgte, ließen zunächst innere und äußere Kämpfe nicht an die Förderung der Museen denken. Gefördert konnten sie erst wieder werden, nachdem der Kampf mit Frankreich siegreich ausgefochten war. Gerade damals wurde ich an die Berliner Museen berufen und habe hier seither unter den drei Hohenzollern-Kaisern tätig mitgewirkt und über ihre Stellung zur Kunst, vor allem zu den Berliner Museen, mir ein Urteil bilden können; mit wenigen Worten sei hier angedeutet, welchen Dank die Museen den drei Herrschern schulden, wie jeder dieser unserer Herrscher sich zu ihnen gestellt und in welcher Art er sie gefördert hat.

Wilhelm I. war so ausschließlich als Soldat erzogen und so lebhaft für diesen Beruf begeistert, fühlte sich in allen Fragen der Kunst hinter seinem älteren Bruder so weit zurückstehend, daß er sich selbst als völligen Laien betrachtete. Als ernste Fragen der Kunstverwaltung an ihn als Herrscher herantraten, war er ein Greis; sein erstes war daher, daß er diese Sorge seinem Sohn übertrug, indem er ihn Anfang 1872 zum Protektor der königlichen Museen ernannte. In echt staatsmännischem Sinne hat er aber trotzdem die Förderung der Museen sich am Herzen liegen lassen. Die Ausgrabung von Olympia und bald darauf die Ausgrabung von Pergamon fanden seine Billigung und warme Unterstützung; auch für unsere Erwerbungen in der Gemäldegalerie war er interessiert.

Ein Besuch, bei dem ich den damals Achtzigjährigen selbst führen durfte, hat mir auch den überraschenden Beweis geliefert, daß der Kaiser infolge seines Mangels an jeder Übung und durch Unterordnung unter seinen älteren Bruder seinen Kunstsinn sehr unterschätzte und sehr mit Unrecht auch im Publikum als Kunstbanause galt. Ich hatte damals Gelegenheit, gerade seine natürliche Begabung für echte Kunst zu beobachten. Die ersten Gruppen des großen Frieses von Pergamon waren angekommen, zu deren Besichtigung der Kaiser mit seiner Suite sich angemeldet hatte. Da am gleichen Tage auch Michelangelos *Giovannino* aus Pisa eingetroffen war, ließen wir in aller Eile diese Marmorfigur auspacken und auf einer der Kisten im Direktionszimmer aufstellen, für den Fall, daß der Kaiser Zeit und Lust haben sollte, nach den Pergamenischen Reliefs auch diese Figur noch anzusehen. Wir waren eben fertig damit, als der Kaiser eintrat. »Ein Johannes soll das sein? Ich hätte mir ihn anders vorgestellt!« war seine erste Bemerkung. »Ja, es ist eine recht törichte Figur und zudem so unsinnig teuer,« akkompagnierte der mitanwesende Kultusminister. »Da verstehen Sie mich falsch, mein lieber P.«, antwortete der Kaiser; »mir erscheint die Auffassung des Wüstenpredigers als schöner, honignaschender Jüngling recht merkwürdig; doch das ist Sache des Künstlers. Dagegen finde ich die Haltung und Ausführung ganz wundervoll.« Er betrachtete die Figur von allen Seiten und stieg sogar auf eine der Kisten, um sie ganz in der Nähe zu sehen. »Das ist wirklich eine prächtige Erwerbung! Wem verdanken wir sie denn?« Der Generaldirektor wies auf mich. »Ach, da danke ich Ihnen, junger Herr; hoffentlich haben Sie etwas dabei verdient!« »Doch nein,« sagte der Generaldirektor, ich sei ja Beamter der Galerie und mir unterstünde auch die Abteilung der christlichen Plastik, für die der Johannes erworben sei. Dem Kaiser war diese Verwechslung offenbar peinlich. Er fragte mich, ob meine Abteilung nahebei sei; und als ich das bejahte, sagte der Kaiser, trotz dem Einspruch des Adjutanten, daß Vorträge im Schloß angemeldet seien:»Dann kommen Sie, junger Mann, da wollen wir uns Ihre Sachen mal zusammen ansehen!«Er ging selbst voran und fand sofort die nicht sehr zahlreichen Hauptwerke, die wir damals besaßen, aus der Menge des Mittelguts heraus: die Büsten Minos und Benedettos da Majano und die Marietta Strozzi von Desiderio, und machte treffende Bemerkungen darüber. Besondere Freude hatte er an der Mädchenbüste von Mino und an der Marietta.»Hat die aber einen häßlichen, langen Hals.« Ja, es ist eine garstige Büste, urteilte der Herr Minister, worauf der Kaiser sofort erwiderte:»Sie sind ja recht streng heute, lieber P.; was konnte denn der arme Künstler dafür, dass das junge Mädchen solchen Gänsehals hatte! Ich finde die Büste ganz prächtig; sehen Sie nur den Mund! Ich möchte wohl den Witz wissen, den sie gerade machen wollte.« Ein so naives, gesundes Kunsturteil, verbunden mit der wiederholten Versicherung, daß er ja leider nichts von Kunst verstünde, habe ich nur selten bei einem Laien gefunden.

Der Kronprinz – in den traurigen hundert Tagen, in denen er König und Kaiser war, habe ich ihn nicht mehr gesehen – war der häufigste Gast in unseren Sammlungen; oft allein, aber meist mit der Gattin. Für jede Erwerbung, jede Änderung in der Aufstellung und Ausstattung interessierte er sich und ließ uns seine Hilfe dabei angedeihen.

Auf einer Reise in Oberitalien 1875 traf ich das kronprinzliche Paar in Florenz. Später kam ich wieder in Venedig mit ihm zusammen; die Kronprinzessin fuhr täglich mit einigen Künstlern hinaus, um zu aquarellieren, während ich den Cicerone des Kronprinzen in den Kirchen und Sammlungen Venedigs machen mußte. Dieser war bei der Besichtigung stets sehr gründlich. Sein besonderes Interesse erweckte S. Maria dei Miracoli, die köstliche Schöpfung Pietro Lombardis und seiner Söhne, die damals gerade in Restauration war. Wir hatten uns einschließen lassen, um alles in Muße betrachten zu können. Während der Kronprinz die dekorativen Skulpturen im Chor eingehend musterte, war ich auf einer hohen Leiter bis zur Decke hinaufgeklettert, um mir von dem Gerüst aus die sonst kaum erkennbaren Deckenbilder des G. Pennacchi anzusehen. Als der Kronprinz mich oben bemerkte, stieg er mir, trotz meines Abratens, nach. Beim Abstieg erklärte er plötzlich, er werde schwindelig; ich müsse vorangehen, müsse die Sprossen, von denen eine Anzahl fehlten oder lose waren, eine nach der anderen abtasten, sein rechtes Bein fassen und von einer zuverlässigen Stufe auf die andere ziehen, während er selbst nach oben blicken werde, um den Schwindel zu überwinden. Langsam machten wir den gefährlichen Abstieg und kamen ohne Unfall wieder unten an. Ich erwähne dies kleine Abenteuer nur wegen des feinen Taktgefühls, das der Kronprinz dabei bewies. Er half sich aus seiner ersten Verlegenheit mit einem Witz über die Energie, mit der ich ihn bei seinen »königlichen Hammelbeinen gepackt hätte«, blieb aber in seinem Benehmen gegen mich, damals wie später, stets von der gleichen, natürlichen Güte und Sachlichkeit, während mancher andere hohe Herr Leute, die ihn in solcher schwachen Stunde gesehen, nicht gern wieder um sich hätte haben wollen.

Der Kronprinz ist sechzehn Jahre lang der Protektor der königlichen Museen gewesen. Besondere künstlerische Begabung oder Kenntnisse hatte er nicht, prätendierte auch nicht, sie zu haben. Wenn er Vertrauen zu seinen Direktoren gefaßt hatte, so vertrat er ihre Anträge, auch wenn er selbst kein persönliches Verhältnis dazu hatte. Er hat sein Amt mit größter Gewissenhaftigkeit und nicht ermüdendem Eifer verwaltet, trotz aller Schwierigkeiten, die sich ihm dabei entgegenstellten. Denn er hatte wahrlich keine leichte Stellung, weder seinem Vater und Bismarck gegenüber, noch bei seiner Gemahlin. Dies schwächte auch seinen Einfluß bei den Ministern. Er empfand das selbst in hohem Maße; wiederholt hat er mir gesagt: »Warum haben Sie die Sache nicht selbst beim Kaiser vertreten? Mir wird ja doch alles abgelehnt.« Aber er ließ sich dadurch nicht abschrecken; bis auf sein jammervolles Sterbelager hat er pflichtmäßig aller Museumsangelegenheiten sich angenommen. Auch gegenüber – seiner Gattin! Die Kronprinzessin war eine begeisterte Kunstfreundin, ja fast mehr, als es ihre Pflichten erlaubten. Aber ihr Interesse lag mehr auf dem Gebiete der dekorativen als auf dem der hohen Kunst; die Einrichtung ihrer Räume, der Bau ihres Schlosses in Homburg und dessen Ausstattung mit Mobiliar und Kleinkunst war ihre größte Freude. Sie hatte auch die charakteristische Eigenschaft mancher Sammler, neidisch und egoistisch andern Sammlern gegenüber zu sein; auch den Museen gegenüber, trotz der Stellung ihres Gatten als Protektor der Museen. Freilich interessierte sie sich lebhaft für die Ausstattung unserer Museumsräume und für ihre Erweiterung, aber wenn wir eine Erwerbung von Kunstwerken machten, für die auch sie schwärmte, dann trat ihr Sammlerneid in den Vordergrund. Das sprach sie wiederholt ganz offen aus. Gleich im ersten Jahr der Protektorschaft ihres Mannes schenkte sie uns ein Mädchenköpfchen von Grenze, das einer ihrer Kammerherrn in Augsburg um 10 Taler für sie gekauft hatte. Es war stark übermalt; ich ließ es daher putzen, wobei es schön und tadellos zutage kam; zufällig fand ich auch einen passenden, prächtigen Rahmen der Zeit dafür, so daß das Bild sich zwischen unseren wenigen französischen Gemälden sehr gut ausnahm. Lange Jahre später sah es die Kronprinzessin zufällig in der Galerie wieder. »Ist dies nicht das Bild, das ich Ihnen einmal geschenkt habe?« war ihre erstaunte Frage. »Freilich, Majestät,« war meine Antwort; »wir haben das Bild reinigen lassen, wobei sogar zwei echte Bezeichnungen zutage gekommen sind, und haben den schönen Rahmen dafür gefunden, so daß es sich jetzt als echt kaiserliches Geschenk präsentiert.« »Verspotten Sie mich nicht! Glauben Sie, ich werde dem Museum echte Bilder schenken? Die behalte ich doch für mich!« Fast noch krasser sprach sie sich einmal vor der herrlichen Büste der Prinzessin von Urbino aus. Kurz vor dem Tode des Kaisers Friedrich war mir die Erwerbung dieser seit Jahren von uns umworbenen Büste gelungen. Kaiser Friedrich wünschte sie zu sehen, und da ich verreist war, brachte sie Tschudi ins Schloß Charlottenburg; der Kaiser war aber so schwach, daß ihm die Büste nicht gezeigt w erden konnte ; die Kaiserin kam, um sie anzusehen. Unter Tränen warf sie einen Blick darauf und unterbrach ihren traurigen Bericht über den Zustand des Kaisers mit den Worten: »Sie sollten doch nicht immer solche Fälschungen kaufen!« Nicht lange, ehe sie dauernd nach Homburg übersiedelte, um einen ähnlich furchtbaren Tod zu sterben wie ihr Gatte, blieb sie bei einem Besuch des Kaiser-Friedrich-Museums vor dieser Büste stehen. Sie betrachtete sie lange. »Warum ist es mir nie gelungen, ein solches Prachtstück für meine Sammlung zu erwerben?« waren ihre Worte. Ich konnte mich nicht enthalten zu erwidern: »Aber, Eure Majestät haben die Büste ja bei der Erwerbung für eine Fälschung erklärt.« »Weshalb sind Sie immer so boshaft, Bode! Freilich habe ich es damals gesagt, aber können Sie sich denn gar nicht in die Empfindung eines Sammlers hineindenken, dem ein schönes Stück nach dem andern vor der

Nase weggeschnappt wird?« Dies nur ein paar Beispiele dafür, dass der Protektor sowohl als wir Direktoren es oft auch da nicht leicht hatten, wo wir Förderung unserer Interessen erwarten durften. Wilhelm II. hatte von Jugend auf Freude an der Kunst und hat ein dilettantisches Geschick in ihrer Ausübung bewiesen. Er wußte das und wollte diese seine Begabung – wie überhaupt seine vielseitigen großen Anlagen – auch als Herrscher betätigen. Als wir gelegentlich bei ihm anfragten, wen er als Protektor wünsche, erfuhren wir, das sei natürlich er selbst. Aber jahrelang hat er sich als Protektor nur ausnahmsweise betätigt; so gelegentlich bei der Besetzung einer Direktorstelle, um einen ihm sympathischen Lehrer dafür heranzuziehen. Unsere Museumsmaschine lief damals so gut, die Kollegen hatten sich untereinander, mit dem Generaldirektor und dem Minister so gut eingearbeitet, daß es kaum nötig war, an den Protektor heranzutreten; auch konnte der Kaiser bei den schwierigen sozialen, wirtschaftlichen und militärischen Aufgaben, die er sich gestellt hatte und mit Übereifer in Angriff nahm, kaum an die Museen denken. Inzwischen war durch das starke Anwachsen der meisten unserer Sammlungen das Bedürfnis nach Erweiterung der Museumsbauten immer dringlicher geworden. Unser Minister trat warm dafür ein, fiel aber bei dem allmächtigen Finanzminister Miquel, der der Kunst fern stand und in seiner großen Steuerreform nicht gestört sein wollte, vollständig ab. An den Protektor unmittelbar heranzutreten, wagte weder der Generaldirektor noch der Minister. Schließlich versuchte ich es durch Vermittlung der Kaiserin Friedrich; hatte sie doch stets für den Gedanken eines Renaissancemuseums geschwärmt und mir, als ich zusammen mit jüngeren Kollegen einen großen, reich illustrierten Katalog ihrer Sammlung im damals von Ihne gerade vollendeten Schloß Friedrichshof am Taunus anfertigte, die Unterstützung bei der Durchsetzung dieses Museumsbaus als Honorar für jene Arbeit versprochen. Als ich den fertigen Katalog überbrachte, erinnerte ich sie an ihre Zusage, aber sie lehnte schroff ab; ihren Sohn bäte sie um nichts! Der anwesende Hofmarschall, der mich später hinausbegleitete, beruhigte mich jedoch; er würde die Kaiserin bestimmen, noch heute bei Gelegenheit eines Hoffestes dem Kaiser die Notwendigkeit eines Baus zur Erinnerung an die Tätigkeit seines Vaters als Protektors der Museen vorzustellen. Gleich am folgenden Tage bekamen wir die Aufforderung zur

Besprechung des Neubaus, für den der Finanzminister die Gelder aus Überschüssen zugesagt hatte, und zu dem Ihne die Pläne machen sollte. Dieser Bau, der alsbald rüstig in Angriff genommen wurde, hat das Interesse des Kaisers für die Museen lebhaft angeregt; bis in den Krieg hinein hat er es sich in gleicher Lebendigkeit erhalten.

Wenn die besondere Aufmerksamkeit des Kaisers auf eine Angelegenheit gelenkt war, pflegte seine starke Phantasie sie lebhaft zu ergreifen und das Bestreben zu eigener Betätigung auszulösen. In unsere Museumsangelegenheiten hat er aber kaum je eigenmächtig eingegriffen. Wenn freilich der Architekt eine monumentalere Lösung vorschlug, wenn Ihne nachträglich noch eine Kuppel auf das Kaiser-Friedrich-Museum aufsetzen wollte, wenn Ludwig Hoffmann die luxuriöseste Ausführung der Inselbauten in Haustein, selbst an der Rückseite und neben der Stadtbahn, wo die Fassaden unsichtbar sind, verlangte, so waren sie der Zustimmung des Kaisers sicher; aber ebenso war er auch für anspruchslose Entwürfe, wie Bruno Pauls Pläne zum Asiatischen Museum in Dahlem, zu haben. Trotz seiner Prachtliebe war er daher auch Vorstellungen gegen unnütze Prachträume, die den Zweck ihrer Bestimmung unmöglich gemacht hätten, wie Hoffmanns riesige Galerien mit hundert Säulen in den Messelbauten, sofort zugänglich. Wenn diese Bauten heute noch weit entfernt sind von ihrer Vollendung und weiter Millionen über Millionen verschlingen, so ist das wahrlich nicht Schuld des Kaisers!

Sooft es sich darum handelte, wertvolle Erwerbungen für die Museen zu machen, wenn durch Ausgrabungen oder Expeditionen in Mesopotamien, Ägypten, Kleinasien oder Turfan unsere Sammlungen oder die archäologische Wissenschaft bereichert werden konnten, hat er sie stets gefördert; wenn durch Vereine – den Kaiser-Friedrich-Museumsverein, den Verein der Freunde antiker Kunst, die Deutsche Orientgesellschaft – den Interessen unserer Museen genutzt werden konnte, hat er sich stets an die Spitze gestellt. Seiner wirksamen Befürwortung verdanken alle Abteilungen unserer Museen hervorragende Erwerbungen, zum Teil von ganzen Sammlungen.

*

In den bald vier Jahren, seit die königlichen Museen zu Staatsmuseen geworden sind, galt es weniger, sie zu mehren und zu erweitern, als Unheil von ihnen abzuwenden. Auch das ist nicht immer gelungen: die Eyckschen Altartafeln sind ohne jeden Anstand den Belgiern ausgeliefert, obgleich sie Krongut sind, und unsere vier frühgotischen Sandsteinfiguren von der Liebfrauenkirche in Trier mußten dem Bischof Korum aus politischen Rücksichten zum Geschenk gemacht werden.

An gutem Willen fehlte es sonst anfangs nicht. Von den Zwillingsministern der ersten Revolutionswochen war die Kunst dem Spartakisten Adolf Hoffmann zugefallen. Ich meldete mich bei ihm, um ihm mein Amt zur Verfügung zu stellen; ich sei zwar kein Politiker, aber den drei Kaisern, unter denen ich gedient hätte, sei ich für ihre Förderung der Museen zu größtem Dank verpflichtet. Hoffmann bat mich dringend, davon abzustehen ; auch die Republik könne und wolle mich nicht entbehren. An Reflektanten auf mein Amt fehle es zwar nicht.»Sehen Sie diesen Haufen Briefe hier neben mir; lauter Bewerbungen um Museumsämter! Jeder hat plötzlich sein republikanisches Herz entdeckt und möchte sein Licht leuchten lassen, jetzt wo der Tyrann beseitigt sei. Na, da lese ich denn man gar nicht weiter, gucke bloß noch auf die Unterschrift, ob der verdienstvolle Mann Meyer oder Müller heißt, lege den Brief zu den andern und sage mir: hast du deinen alten Herrn so leicht verraten, so wirst du ja, wenn es mal wieder anders kommen sollte, den neuen ebenso ruhig verraten.« Ob sich Adolf Hoffmann als Protektor unserer Museen bewährt haben würde, wage ich nach diesen Worten allein nicht zu entscheiden: seine Herrschaft währte zu kurz. Nicht lange nach seinem Abgang schien sich noch einmal den Spartakisten die Aussicht auf Besetzung der preußischen Ministerien zu bieten. Da wir zur Sicherung unserer wiederholt beschossenen und selbst erstürmten Museen dringend einer Wache bedurften, hatte mich unser Minister Haenisch, da der Stadtkommandant Wels auf seine wiederholten Anforderungen eines Wachtkommandos überhaupt nicht antwortete, an seine Freundin Rosa Luxemburg verwiesen, die auf ihren Parteigenossen Einfluß habe. In der Tat bekamen die Museen auf ihre Verwendung sofort eine Wache. Bei der Gelegenheit ließ mir Rosa Luxemburg sagen, sie hoffe bald noch wesentlichere Dienste den Museen erweisen zu können, da ihre Partei in nächster Zeit wieder ans Ruder kommen werde; sie freue sich darauf, dann mit mir zusammen für die Berliner Museen sorgen zu können, für die sie sich mit meiner Hilfe eine neue große Zeit verspreche, Ihr trauriges Ende verhinderte, daß die Probe auf diese großen Worte gemacht werden konnte; daß sie aber nicht bloß eine schöne Geste waren, wie wir damals annahmen, beweist die Behandlung, welche die Museen in Rußland durch die Bolschewiken erfahren haben: sie sind durch alle furchtbaren Stürme hindurch gerettet, die Sammlungen sogar vermehrt worden, und die bewährten Leiter der alten Kaiserzeit stehen heute noch an ihrer Spitze. Das ist freilich nicht so unbegreiflich, wie es auf den ersten Blick erscheint, da manche von den Führern der russischen Sowjets jahrelang als Flüchtlinge in London und Paris lebten und dort ihre Zeit nicht bloß nihilistischen Verschwörungen widmen mochten, sondern manche Mußestunde in den Museen zugebracht haben werden und dabei gelegentlich Freude an der Kunst und selbst Verständnis dafür bekommen konnten. Wie manche dieser Führer war ja auch Rosa Luxemburg russische Jüdin, die lange mit ihren nihilistischen Gesinnungsgenossen in den westlichen Hauptstädten gelebt hat.

Ob ein Adolf Hoffmann, ob eine Rosa Luxemburg als Protektoren unserer Museen sich wirklich bewährt haben würden? – Unser eigentlicher Minister ist seit den Tagen Haenischs – als Unterstaatssekretär, Staatssekretär und vorübergehend auch als Minister – stets Professor Becker gewesen. Er hat junge Fachleute als Referenten für die Kunst berufen, und diese haben es, wie ihr Chef, an Energie nicht fehlen lassen; ob sie aber später einmal als echte Protektoren der Museen dastehen werden, muß erst die Zukunft erweisen.

Freuden und Leiden beim Sammeln für die Gemäldegalerie

Berufen wurde ich an die Königlichen Museen in Berlin als Assistent der Gemäldegalerie oder richtiger – da 1872 kein Assistentenposten an dieser Abteilung vorhanden war – als Assistent der Antikensammlung mit dem Auftrage, auch an der Galerie den gleichen Posten zu versehen. Wenige Monate nach mir war der etwa zwanzig Jahre ältere Dr. Julius Meyer, der sich durch die Vorbereitungen zu einem großen Künstlerlexikon, einem *neuen Nagler*, bekannt gemacht hatte, als Direktor der Galerie angestellt worden. Zehn Jahre lang haben wir die Leitung der Sammlung gemeinsam geführt; dann blieb Meyer zwar noch (sogar bis 1890) erster Direktor, überließ mir aber infolge seiner Kränklichkeit die Leitung, namentlich die Entscheidung über die Anschaffungen, so gut wie allein. Meyer war ein durchaus vornehmer Charakter, aber das Zusammenarbeiten mit ihm war trotzdem schwierig, da er schwer nervenleidend war und sich, schon beim Antritt seiner Stellung, nur durch tägliche Morphiumeinspritzungen hochhielt. Dadurch wurde er so sehr beeinflußt, daß er vor jeder Entscheidung zurückschreckte oder gar seinen Entschluß widerrief. Was uns auf diese Weise an hervorragenden Gemälden entgangen ist, ist fast bedeutender, als was wir in jener Zeit an wirklichen Meisterwerken erworben haben.

Wir waren beide auf Vorschlag des Grafen Usedom berufen worden; aber dieser alte, von Bismarck beseitigte Diplomat, dem Kaiser Wilhelm die Stelle des Generaldirektors als Entschädigung verliehen hatte, betrachtete und behandelte die Beamten seines Ressorts nur als seine Handlanger und behielt sich die Entscheidung über alles vor; da er jedoch ebenso bequem und vergeßlich wie eigenwillig war, war es fast unmöglich, anders als auf dem langwierigen Wege der Beschwerde beim Minister oder beim Protektor der Museen wichtige Erwerbungen durchzusetzen. Auch dann noch hat Usedom sie nicht selten zu vereiteln gewußt. Solche Erschwerungen und Rücksichtslosigkeiten wirkten besonders empfindlich und lähmend, wenn wir behufs Erwerbungen auf Reisen waren. Das sollten wir gleich zu Anfang unserer Tätigkeit erfahren, als wir im Herbst 1872 mit dem Auftrag, über Ankäufe von Bildern zu verhandeln, nach Italien gingen. Hier war Graf Usedom als Gesandter lange beschäftigt gewesen, daher hatte er für Italien und seine Kunst eine besondere Vorliebe; für italienische Kunst schwärmte auch der Kronprinz-Protektor, und Mittel zu Ankäufen waren in Höhe von 100000 Talern bewilligt: so machten wir uns mit den besten Hoffnungen auf den Weg.

Fast den ganzen Winter über, einen naßkalten, unfreundlichen Winter, blieben wir in Italien, nahmen in Venedig, Florenz und Rom unsere Standquartiere und machten von dort aus Ausflüge an Orte, an denen uns hervorragende Gemälde als käuflich bezeichnet wurden. Wir hatten uns aber die Sache doch gar zu leicht gedacht! Beide waren wir im Kunsthandel unbewandert; Meyer hatte geradezu eine Abneigung dagegen, spielte den Händlern gegenüber den Kavalier und suchte mit Vorliebe durch Amateur-Marchands Verhandlungen anzuknüpfen. Dann war auch die Zeit ungünstig. Der Krieg hatte den Kunsthandel in Italien fast lahmgelegt, die Kunsthändler hatten kaum Vorrat an guten Bildern, waren zudem alt, und neue hatten sich in den schlechten Zeiten nicht herausgewagt. Die Besitzer, die bedürftig waren, waren mißtrauisch und nicht vorbereitet. Dazu wurden wir eines Tages durch den Besuch eines *Kapitäns* überrascht, der sich mit einem Brief vom Grafen Usedom als der offizielle Unterhändler für die Museen in Italien legitimierte. Wir hatten große Mühe, diesen lästigen Herrn, der dem Grafen wohl in seiner diplomatischen Tätigkeit gewisse Dienste geleistet hatte, los zu werden. Doch allmählich lebten wir uns leidlich ein. Namentlich durch Vermittlung meines alten Freundes und Gönners, des damals seit Jahren in Florenz ansässigen Karl Eduard v. Liphart, wurden wir in Florenz wie in Rom auf verschiedene wirklich hervorragende käufliche Gemälde aufmerksam gemacht, und so langwierig und unangenehm auch hier die Verhandlungen meist waren, soviel Enttäuschungen mit in den Kauf genommen werden mußten, schließlich brachten wir doch etwa ein halbes Dutzend wirklich wertvoller, für unsere Sammlung besonders geeigneter Bilder mit nach Berlin.

Der wertvollste Erwerb war Signorellis große Darstellung der *Schule des Pan*, ein dem *Frühling* Botticellis inhaltlich und an künstlerischem Wert nahekommendes Meisterwerk der italienischen Frührenaissance, das wahrscheinlich mit jenem Bilde zusammen die Mediceer-Villa Castello geschmückt hat. Die Londoner Nationalgalerie hatte vor dem Kriege 1870 Unterhandlungen über den Erwerb schließlich abgebrochen, weil den Direktor die Nacktheit der Figuren abschreckte. Dem Geschmack der Berliner Künstler, von deren Urteil damals unser Publikum noch allein abhängig war, entsprach mehr das imposante Bildnis des *Generals Borro*, früher Ribera und dann lange dem Velazquez zugeschrieben, jetzt meist Andrea Sacchi oder Giovanni di San Giovanni gegeben, jedenfalls eines der wuchtigsten und malerischsten Bildnisse italienischen Barocks. Aus der Galerie Sciarra ward die *Landschaft mit dem Matthäus*, eines der im Aufbau und in der kräftigen Färbung hervorragendsten Werke N. Poussins erworben. Kunsthistorisch besonders wertvoll war der Erwerb der anmutigen Madonna von Verrocchio. Ein durch seine Einstellung in eine echt nordische Landschaft besonders intimes Gemälde von Lucas Cranach – sein frühes Meisterwerk –, *Die Ruhe auf der Flucht* von 1504 in der Sammlung Sciarra, überließ mein Kollege Meyer damals freilich seinem späteren Schwiegersohn Dr. Conrad Fiedler, aber sicherte es uns doch für die Zukunft; das Bild ist seit 1902 eine Zierde der deutschen Abteilung unserer Galerie.

Hatten wir in Italien käufliche Bilder mühsam entdecken und endlos darum markten müssen, so wurde uns bald nach unserer Rückkehr der Ankauf einer ganzen Galerie entgegengebracht. Freilich auch hier nicht ohne Mühe und Kampf. Der bekannte Industrielle Barthold Suermondt, von Geburt ein Holländer, aber in Aachen ansässig, hatte seit den fünfziger Jahren an den damaligen Hauptmärkten des Kunsthandels, die alle seinem Wohnsitz nahe lagen, alte Gemälde zu sammeln begonnen. Dank seiner großen Gastfreundschaft wußte er die tüchtigsten Kunstgelehrten für seine Sammlung zu interessieren: Mündler, Paul Mantz, Waagen und Burger (Thoré) berieten ihn, die beiden letzteren verfaßten ihm einen Katalog. Trotzdem war die Sammlung keineswegs eine gewählte; Suermondt war zu leidenschaftlich als Sammler, glaubte gar zu leicht große Meister zu finden, und jene Ratgeber schenkten ihm nicht immer reinen Wein ein. Ich hatte ihn schon im Frühjahr 1868 kennen gelernt; zusammen mit Burger besuchte er Braunschweig, wo ich (damals junger Jurist, aber Stammgast im Museum) ihr Führer war und auf ihre Einladung mit ihnen nach Kassel zur Besichtigung der dortigen Galerie fuhr. Im Sommer darauf suchte ich Suermondt in Aachen auf und konnte meine erste Reise nach Belgien und Holland mit seinen Empfehlungen machen, die mir jede Sammlung öffneten. Die schwere Krise nach dem Krieg 1870 hatte auch Suermondt stark betroffen; er sah sich gezwungen, einen Käufer für seine Galerie zu suchen, und stellte sie zu dem Zwecke im Frühjahr 1874 in Brüssel aus. Doch hier fand sich kein Käufer; Suermondt fragte daher vertraulich bei mir an, ob in Berlin Aussicht für den Ankauf wäre. Unser Protektor ging begierig darauf ein, so daß wir alsbald in Unterhandlungen eintraten. Unser Versuch, unter Ausschluß der Menge minderwertiger und zweitklassiger Bilder nur die Hauptwerke zu erwerben, mißlang, so daß wir uns schließlich auf den Ankauf der ganzen Galerie von nahezu 200 Bildern, einschließlich einer kleinen Sammlung guter Handzeichnungen, für den Preis von 1 Million Mark einigten. Die Galerie hat diesen Ankauf, wenn auch kaum der vierte Teil der Sammlung dauernd zur Aufstellung gekommen ist, gewiß nicht zu bedauern. Sind doch darunter Meisterwerke wie die *Kirchenmadonna* und *Der Mann mit der Nelke* von Jan van Eyck, zwei Bildnisse von Hans Holbein, vier Frans Hals, worunter die *Amme mit dem Kinde* und die *Hille Bobbe*, die *Dame mit dem Perlenhalsband* von Vermeer van Delft, der große *Rabbiner* von Rembrandt, zwei Landschaften von Hercules Seghers, der ausgezeichnete *Sebastian* von Ribera, neben wertvollen Werken wie dem großen Porträt der Gattin Kaiser Ferdinands III. von Velazquez, Bildern von A. Watteau, Nic. Elias, Terborch, Jan Steen, Paul Potter, A. van de Venne, A. van de Velde, Jan van Goyen, Jacob van Ruisdael, Th. de Keyser, Lucas van Leyden, Jan Mabuse u. a. m. Es waren Bereicherungen unserer Galerie fast nach allen, bisher z. T. recht schwach vertretenen Richtungen.

Der Ankauf wurde in Berlin sehr günstig aufgenommen; er hatte indirekt die gute Wirkung, daß man Vertrauen zu den neuen Leitern der Galerie faßte, während die Presse sich andauernd ablehnend gegen mich verhielt, weil sie die Künstler unterstützte, die auf die Posten an der Galerie reflektiert hatten. Eine *gute Presse* habe ich freilich auch später nie gehabt, wohl weil ich sie nie erstrebt habe. Ein Hauptgewinn aus dem Ankauf Suermondt war die Umstellung des Publikums bei Erwerbungen für die Galerie, das Ankäufe zu höheren Preisen, als sie bisher gezahlt waren, nicht mehr für unerhörte Verschwendung erklärte. Wir bekamen allmählich auch energische Unterstützung durch neue hervorragende Kollegen: durch

Richard Schoene als Berichterstatter im Ministerium, Alexander Conze, dem die Museen neben Humann den Pergamonaltar verdanken, und den neuen Direktor des Kupferstichkabinetts Friedrich Lippmann. Als letzterer 1877 sein Amt bei uns antrat, erwarben wir aus seiner Privatsammlung ein paar treffliche deutsche Bilder: zwei Hauptwerke von A. Altdorfer und das vorzügliche Altarbild der Anbetung der Könige von Hans von Kulmbach. Einen Flügelaltar von Hans Baidung Grien und einige andere wertvolle frühe deutsche Gemälde seiner Sammlung verschmähten wir leider, weil das alte Prinzip, daß unsere Galerie von jedem Meister nur ein paar Bilder als Vertretung enthalten solle, damals noch aufrecht erhalten wurde. Und gerade von Baidung hatte ich schon 1872 das Gegenstück dieses für Kardinal Albrecht von Brandenburg gemalten Altars, den Altar mit der Anbetung der Könige von 1507, erworben und hatte damals jenen Sebastiansaltar aus derselben Sammlung Wilke in Halle Lippmann zum Ankauf empfohlen. Mittelalterliche Gemälde betrachtete mein Kollege Meyer überhaupt nicht als galeriewürdig; gab er doch unsere wertvollen westfälischen und sächsischen Altarbilder des 13. und 14. Jahrhunderts, die erst in den sechziger Jahren erworben waren, leihweise an den Kunstverein in Münster ab.

Eine besondere Aufgabe, für die mich Graf Usedom gleich bei meiner Berufung vorzugsweise in Aussicht genommen hatte: die Anlage einer umfassenden Sammlung von Gipsabgüssen der italienischen Plastik – daß noch Originale zu beschaffen wären, hielt er für ausgeschlossen – führte mich schon damals alljährlich wieder nach Italien, meist sogar zweimal. Ich benutzte die Gelegenheit, um mich dabei auch für die Galerie umzusehen, alte Beziehungen zu erneuern und neue anzuknüpfen. Schon 1875 gelang die Erwerbung von drei wertvollen Bildern beim Marchese Patrizi: das Rundbild der *Begegnung* von Signorelli und zwei vornehme Porträts, das eine von Franciabigio, und der Calatravaritter, angeblich von Sebastiane. Im Jahr 1877 kamen endlich auch die Unterhandlungen mit dem Principe Strozzi zum Abschluß; für die Galerie ergaben sie Tizians reizende Tochter des Roberto Strozzi, den Ugolino Martelli von Bronzino und Sandros Profilbildnis des Giuliano de' Medici. Ein Bildnis von Giulianos angeschwärmter Liebe Simonetta Vespucci, gleichfalls von Botticelli, hatten wir schon kurz vorher in Florenz erworben. Die Schätze des Palazzo Strozzi hatte ich im Jahre 1875 dem Kronprinzenpaar bei seinem Besuch in Florenz zeigen dürfen. Die Kronprinzessin, die außerordentlich davon angetan war, sagte dabei – nicht ohne mich fühlen zu lassen, dass sie durchaus nicht mit allen unseren früheren Erwerbungen einverstanden sei:»Sehen Sie, solche Stücke sollten Sie für Ihr Museum kaufen« Zwei Jahre später war ich so glücklich, sie wirklich zu erwerben, aber die Kronprinzessin war nicht zu bewegen, sie sich anzusehen.

Neben solch glücklichen Erfolgen hatte ich gerade in Italien auch sehr bittere Enttäuschungen, die mir bald die unglaubliche Bummligkeit des Grafen Usedom, bald Meyers krankhafte Unentschlossenheit bereiteten. Was uns dadurch in wenigen Jahren und für Spottpreise entgangen ist, würde eine köstliche kleine Galerie für sich bilden! Schon am Schluß der ersten italienischen Reise, Anfang 1873, hatten wir aus den dürftigen Resten der Galerie Manfrin in Venedig Giorgiones Meisterwerk, *Das Gewitter*, um etwa 20000 Mark erworben. Statt das Bild sofort zu übernehmen, machte Meyer einen Kontrakt, in dem die Übernahme gegen Zahlung nach ein paar Monaten ausgemacht wurde:»Sie werden sehen, daß Graf Usedom den Termin verbummelt, und dann werden wir ihn los« Er verbummelte ihn in der Tat, aber wir waren nur das Bild los, nicht unseren Chef! Einen ähnlich schweren Verlust verdankten wir der Unentschlossenheit Meyers. Der Antiquar Giuseppe Baslini in Mailand, einst Stallknecht bei den Visconti und unfähig, mehr als seinen Namen zu schreiben, aber – dank seinem künstlerischen Blick – der eigentliche Schöpfer der Sammlung Poldi-Pezzoli in Mailand, erwarb für uns um 20000 Mark aus der Sammlung Mylius A. Solarios Meisterwerk, den *Senator*, der jetzt die Londoner Nationalgalerie schmückt. Baslini brachte selbst das Bild nach Berlin, aber Meyer lehnte nach langen Unterhandlungen ab, weil der damals schwebende Ankauf der Suermondt-Sammlung die Ausgabe nicht zuließe. Trotz der Verstimmung darüber ließ uns Baslini zwei Jahre später auf meinen Wunsch für die drei herrlichen großen Bildnisse von Moretto und Moroni und die Magdalena von Savoldo in der Sammlung Fenaroli in Brescia den Vorkauf; auch hier konnte sich Meyer nicht entschließen, und so zieren auch diese Bilder heute die Londoner Nationalgalerie. Schon früher hatte ich bei dem Florentiner Antiquar Riblet ein merkwürdiges Madonnenbild aus der Zeit des

Jan van Eyck gefunden, und hatte es zusammen mit einem trefflichen *Paradies* von Cranach für etwa 5000 Mark ausgehandelt. Aber Graf Usedom wollte von dem Ankauf nichts wissen, wenn ihm die Bilder nicht zur Ansicht geschickt würden. Jene Madonna ist das bekannte Werk des Meisters von Flémalle, das später mit der Sammlung Salting in die Londoner Nationalgalerie gelangt ist; der Cranach ist seitdem nicht wieder zum Vorschein gekommen.

Andere Meisterwerke, deren Angebot für unsere Sammlung ich mir damals sicherte, sind aus gleichen traurigen Rücksichten in Berlin abgelehnt worden und schließlich in den Louvre gekommen. So u. a. Ghirlandajos köstlicher *Großvater und Enkel*, den ich um 6000 Lire in Florenz fest gekauft und nach Berlin mitgebracht hatte; er wurde nach Monaten von Meyer hinter meinem Rücken an Bardini zurückgegeben, der ihn für das Dreifache an den Louvre verkaufte. Noch schmerzlicher war der Verlust der beiden großen Fresken Botticellis aus der Villa Lemmi mit den phantasievollen allegorischen Darstellungen des jungen Ehepaares Tornabuoni; sie wurden zusammen mit dem großen Fresko der Kreuzigung des Fra Angelico von Meyer abgelehnt, weil Fresken sich in unsere Galerie nicht einfügen ließen. Ebenso betrüblich war die Ablehnung einer Auswahl seltenster Meisterwerke aus der Sammlung Torregiani, um deren Erwerbung ich mich mehrere Jahre, anfangs sogar zusammen mit Meyer, bemüht hatte. Unter den 13 Bildern, die ich wählte, befanden sich die beiden Hauptwerke Pesellinos, jetzt bei Lady Wantage, die beiden köstlichen Cassoni von Filippino, für die der Name *Amico di Sandro* erfunden ist (jetzt in Chantilly und im Louvre), Porträts von Signorelli, Botticelli und Bronzino u. a. m., zusammen für den Preis von 63000 Francs! Lange Jahre darauf gelang es mir, wenigstens eines dieser Bilder, das männliche Porträt von Signorelli, im Kunsthandel noch zu erwischen; ich hatte fast den gleichen Preis dafür zu zahlen, den ich für jene 13 Gemälde zusammen ausgemacht hatte!

Hätte ich nicht durch Erwerbungen für die andere mir anvertraute Abteilung, die Sammlung der Bildwerke christlicher Epochen, und bald auch durch Erwerbungen für andere Museen, und namentlich für Privatsammler die Enttäuschung, die solche erfolglosen, oft jahrelangen Unterhandlungen bei den Händlern hervorrief, einigermaßen wieder gutmachen können, so wären unsere Museen auf dem italienischen Kunstmarkt sehr ins Hintertreffen gekommen. Für mich persönlich wirkten solche Fehlschläge lange so verstimmend, daß ich mich damals mehr an den großen Kunstmärkten nördlich der Alpen umsah. Seit 1873 war ich wiederholt in Paris und London gewesen, und hatte hier Beziehungen zu den Händlern gesucht und gelegentlich an den Versteigerungen mich beteiligt. Aber es war schwierig, hier heimisch zu werden, da wir in Paris von den Franzosen unfreundlich und in London als quantité négligeable behandelt wurden. Erschwerend wirkte dabei, daß bald willkürlich durch den Grafen Usedom, bald verzögernd durch Künstlerkommissionen in den Geschäftsgang eingegriffen wurde. Nur ein hervorragendes Bild hatten wir hier in den ersten Jahren erwerben können, *Die Mutter bei der Wiege* von P. de Hooch in der Versteigerung Schneider zu Paris 1876. Wenn sich auf Versteigerungen, denen ich zufällig beiwohnte, einmal ein ausgezeichnetes Bild zu besonders billigem Preise bot, so musste ich einen mir bekannten Händler zu bewegen suchen, es auf sein Risiko zu kaufen, um es uns dann anzubieten. Auf diese Weise haben wir 1878 in der Versteigerung Munro in London den hl. Sebastian von Rubens und das große Martyrium der hl. Agathe von Tiepolo um je 100 Guineas und gleich darauf Rembrandts *Hendrikje Stoffels am Fenster* um wenig mehr als 300 Guineas erworben.

Die Beobachtung, die ich auf diesen Versteigerungen und bei Besuchen der Händler namentlich in London machte, das Vorurteil gegen gewisse Motive, selbst gegen ganze Richtungen in der Kunst, und mangelhafte Kenntnis mancher Künstler, die Vernachlässigung im Besuch der Versteigerungen von Sammlungen ohne bekannte Namen, wie die kritiklosen Kataloge der Versteigerungen bewiesen mir, daß sich für unsere Museen hier hervorragend günstige Gelegenheiten zu Erwerbungen boten. Dies bewog mich, im Frühjahr 1879 einen Diensturlaub von ein paar Monaten zum gründlichen Studium der englischen Privatsammlungen zu erbitten. Dieser wurde mir aber mit der Begründung abgeschlagen, daß wir mit unseren ärmlichen Mitteln gegen den englischen Kunsthandel doch nie aufkommen könnten; indes wurde mir wenigstens ein Studienurlaub auf meine Kosten bewilligt. Meine dabei gewonnene genauere Bekanntschaft mit dem unerschöpflich reichen englischen Privatbesitz, namentlich an Gemälden, wie ich sie damals an der Hand von Waagens gründlichen *Art Treasures* erwarb und auf späteren regelmäßigen Besuchen erweiterte, wurde die Basis, auf der wir seither die systematische Erweiterung unserer Galerie nach andern Richtungen in Angriff nehmen konnten. Gleich ein paar hervorragende Bildnisse A. Dürers, die ersten Werke des deutschen Altmeisters in unserer Galerie, waren die Früchte dieser Bemühungen: die Halbfigur Friedrichs des Weisen in der Versteigerung des Duke of Hamilton 1882 und das Porträt von Jacob Muffel in der Versteigerung Narischkin in Paris 1883, dem der berühmtere Hieronymus Holzschuher, noch aus dem Besitz der Familie Holzschuher, im Jahre darauf folgte. Aus der Galerie Dudley, die durch Jahre freihändig verhökert wurde, bis 1892 der Rest meistbietend verkauft werden mußte, erwarben wir seit 1884 Fra Angelicos berühmtes Triptychon des Jüngsten Gerichts und Velazquez' faszinierendes Frauenporträt, in der Versteigerung schließlich Crivellis große Altartafel und Rembrandts Predigt Johannis d. T., letztere einst ein Hauptwerk in der Galerie von Rembrandts Gönner, dem Bürgermeister Jan Six.

An Werken Rembrandts hatten wir schon 1883 einen reichen Fischzug gemacht. Auf der Winterausstellung im Burlington House hatte ich die beiden hervorragenden biblischen Kompositionen des Meisters aus seiner mittleren Zeit wiedergefunden, die ich ein paar Jahre früher bei Sir Edmund Lechmere auf seinem Landgute The Rhydd kennen gelernt hatte. Da sie auf der Ausstellung wenig Anklang fanden – die *Susanna* war dem damaligen englischen Geschmack noch *shocking*, und die *Vision des Daniel* wollte man nur als Eeckhout gelten lassen – bat ich einen deutschen Kunsthändler in Paris, den Versuch zu machen, sie für uns zu erwerben. Sie seien bereits sein Eigentum, war seine Antwort; er erbot sich, sie zur Ansicht nach Berlin zu schicken. Da die Kommission sich nicht darüber einigen konnte, ob der *Susanna* oder dem *Daniel* der Vorzug gebühre, einigten wir uns zum Glück darauf, beide Bilder zu kaufen. Aus Freude darüber gab ich dem Händler den Auftrag, nun gleich noch auf ein Bild, das mir noch höhere Qualitäten zu haben schien, auf die *Potiphar* im Grittleton House, einen Angriff zu machen; obgleich der Besitzer als unzugänglich gelte, schiene es mir aussichtsvoll, hatte ich doch gerade in einer Rothschildschen Sammlung ein köstliches Bild von Metsu gesehen, das ich vorher in Grittleton kannte. Auch hier war das Gebot von gutem Erfolg.

Die große Wirkung, welche diese drei Bilder in Berlin hervorriefen, war um so günstiger, als hier erst einige Zeit vorher der Kauf eines Rubens in Wien, *Neptun und Amphitrite* vom Grafen Schönborn, der unter großem Aplomb von Ministerium und Kommission in Szene gesetzt war, vom Publikum unter Führung der Maler sehr schlecht aufgenommen war. Anton v. Werner ergriff das Wort gegen den *falschen Rubens* und machte mich dafür verantwortlich. Ich nahm den Kampf gern auf, obgleich mich der Kauf eigentlich gar nichts anging; aber wie später bei der Wachsbüste aus Leonardos Werkstatt, so hat es auch hier lange Jahre gedauert, bis dem Bilde die Stellung unter den früheren Werken des Meisters nach seiner Übersiedlung nach Antwerpen erstritten war.

Die Bewunderung jener Rembrandtschen Meisterwerke machte den Rubenskauf vergessen; ja, es gelang dem Generaldirektor Schöne sogar, eine außerordentliche Bewilligung für Ankäufe einer Anzahl ähnlicher Hauptwerke hervorragender Meister durchzusetzen. Trotz des schwerfälligen Apparats, den das neue Statut namentlich durch Einsetzung von Sachverständigenkommissionen für jede Abteilung, die in wichtigen Dingen sogar mit auf Reisen genommen wurden, geschaffen hatte, kamen durch die allgemeine Arbeitsfreudigkeit hervorragende Erwerbungen zustande. Fast gleichzeitig mit dem Ankauf der Hamilton-Manuskripte (darunter Botticellis Dante-Zeichnungen) glückte uns 1885 eine Auswahl aus der Galerie des Herzogs von Marlborough in Blenheim. Freilich nur eine sehr kleine Zahl, vier Gemälde, aber von besonderer Bedeutung für unsere Galerie: Rubens' Andromeda, ein Hauptwerk seiner letzten Zeit, das von Rubens mit A. van Dyck gemeinsam gemalte große Bacchanal, die sogenannte Fornarina von Sebastiano del Piombo und das Jünglingsporträt von Joos van Cleef. Für die beiden Rubens, zwei Meisterwerke seiner letzten, besten Zeit, hatten wir keine gefährliche Konkurrenz, da in England Darstellungen mit nackten Figuren in Ansehen und Preis noch niedrig standen; aber die *Fornarina* mit einzuhandeln, war schwierig, da sie in der Galerie als ein Werk Raffaels galt und mit 20000 Pfund Sterling bewertet war. Zum Glück war das Bild durch den Kamin, neben dem es seit alter Zeit hing, so verräuchert, daß es für verdorben galt; wir erhielten es schließlich zum Preise von 2000 Pfund Sterling.

Durch diese in kurzen Zwischenräumen gemachten Erwerbungen von lauter Werken erster Meister aus den bekanntesten Sammlungen Englands: vom Duke of Hamilton, Duke of Marlborough, Earl Dudley, Lechmere, Neeld u. a. waren wir gesuchte Käufer auf allen großen Kunstmärkten geworden. Wir konnten das, ohne hohe Preise zu zahlen, in der Folgezeit in gründlicher Weise ausnutzen, zumal jetzt auch in Deutschland, namentlich in Berlin, ernste Sammler sich bildeten, die sich auf unseren Rat und unsere Hilfe verließen, so daß fortan Berlin ein von fremden Händlern mit guter Kunst gern aufgesuchter Platz wurde. Dadurch gelang es uns aber zugleich, auch in Deutschland Kunsthändler zu fördern, die nach den in deutschem Privatbesitz weitverstreuten Kunstwerken Umschau hielten und mehr und mehr auch vom Ausland alte Kunst einführten. Durch diese ausgiebige Unterstützung der Sammler und Händler unsererseits hatten wir für unsere Museen reiche Gelegenheit, zu wählen und meist billig zu erwerben und vielfach auch als Geschenk zu erhalten, was uns zur Vervollständigung unserer Sammlungen besonders wichtig erschien. So auch für die Gemäldegalerie. Lücken hatte diese noch überall ; vor allem galt es uns aber, wirkliche Meisterwerke zu erwerben, wobei wir mit dem törichten alten Prinzip, daß die Galerie von jedem Meister, selbst von den größten, höchstens einige wenige Werke als Vertretung besitzen solle, völlig absahen. So gelangen uns in den achtziger und im Anfang der neunziger Jahre neben jenen größeren Ankäufen aus englischen Sammlungen noch eine Anzahl namhafter Einzelerwerbungen. Von Italienern besonders: Palmas ins Malerische übersetzte Kopie nach Leonardos Florabüste; von Masaccio, allmählich zusammengekauft, die Predella und einzelne Heilige zu der Altartafel, deren Mittelbild, die Madonna, jetzt die Londoner Nationalgalerie besitzt; von Duccio ein dreiteiliges Stück der Predella seiner großen Altartafel im Dom zu Siena; der *hl. Georg* von Antonio Pollajuolo, der große *Sebastian* von Buonsignori, der *Herbst* von Fr. Cossa, männliche Porträts von Signorelli und Antonello u. a. m.

Ein kleiner Ersatz für den herrlichen Giorgione (*Das Gewitter*), der uns 1873 entgangen war, wurde uns in Giorgiones schönem Porträt eines jungen Mannes aus der Sammlung Giustiniani. Dies

29

Bild war der Rest einer größeren Erwerbung aus dieser Sammlung, die wir schon zehn Jahre früher in Padua um den Preis von 32000 Francs gemacht hatten, um den wir aber in höchst eigentümlicher Weise geprellt wurden. Außer dem Giorgione umfaßte jener Kauf drei treffliche Bildnisse von Tizian, der Rest seines Nachlasses, der nach seinem Tode von der Familie Barberigo erworben war. Ich hatte die vier Gemälde durch einen deutschen Antiquar in Venedig fest gekauft, aber die Zahlung und damit die Übernahme der Bilder, wegen Geldmangels, erst für das folgende Jahr ausgemacht. Auf der Rückreise von Italien besuchte ich Lenbach und erzählte ihm von der Erwerbung. Erst lachte er mich tüchtig aus, wurde aber plötzlich hellhörig, als ich ihm sagte, daß der junge Giustiniani Tizians Studien zu Philipp II. und zum Profilbildnis von Franz I. mit sich in Florenz gehabt habe, als er dort in Garnison stand. Dort hatte Lenbach diese Bilder ja gesehen und bewundert, erinnerte er sich; sein höchster Wunsch sei, sie kopieren zu dürfen und eine Zeitlang um sich zu haben; ob ich ihm wohl erlaube, sie zu bezahlen und zu behalten, bis wir ihm das Geld zurückgeben könnten. Ich tat ihm gutgläubig gern den Gefallen, schrieb sogar zu seiner Einführung einen Brief an unseren Unterhändler. Lenbach reiste nach Padua, kaufte mit meinem Brief und dem Geld seines Freundes v. Heyl die Bilder, und als ich nach Jahresfrist sie zahlen und von ihm abholen wollte, lachte er mich aus; ich hätte ihm vor einiger Zeit einmal einen P. de Hooch (*Das geschlachtete Schwein*), das gar nicht in unsere Galerie passe, nicht abtreten wollen, dafür entschädige er sich jetzt an diesen Tizians. Da kein Zureden nützte, reichte ich eine Klage gegen ihn ein, aber unser Minister zwang mich, die Klage zurückzunehmen, da sie – zumal bei Lenbachs Stellung bei Bismarck – einen zu üblen Eindruck machen würde!

Unsere hervorragende Sammlung altniederländischer Bilder hatten wir, da seit Jahrzehnten nur ganz ausnahmsweise einmal ein bedeutendes Werk dieser Schule auf den Markt kam, als mehr oder weniger abgeschlossen ansehen müssen; ebenso schien nach der glücklichen Erwerbung der drei Bildnisse von Dürer und einiger deutscher Altarwerke wenig Aussicht, die leider früher außerordentlich vernachlässigte Abteilung der deutschen Schule noch wesentlich auszubauen. Aber ein paar zufällige Funde ließen mich gerade diesen beiden Bezirken erneut besondere Aufmerksamkeit zuwenden. In der Versteigerung Nieuwenhuis in London 1886 hatte ich unter moderner Wasserfarbenübermalung, fast intakt, ein kleines Meisterwerk von Jan van Eyck, das Brustbild von Giovanni Arnolfini, für 390 Guineas erwerben können. Zwei Jahre später kaufte unser damaliger Assistent Hugo v. Tschudi in der Versteigerung des Marquis of Exeter die kleine *Madonna mit dem Kartäuser* von Petrus Cristus (damals Jan van Eyck zugeschrieben), und kurz darauf konnte ich im Palazzo Manelli in Genua, wo mir ein Leonardo (eine elende Kopie nach Luini) angeboten war, das seit der Plünderung in Harlem 1573 verschwundene Hauptwerk von Jan van Eycks holländischem Schüler Albert Ouwater, die *Auferweckung des Lazarus*, unter Dürers Namen entdecken und glücklich um etwa 30000 Mark erwerben. In der unbeachteten Vente Hulot in Paris 1892 erwarb Tschudi zwei Werke von ähnlicher Bedeutung: die Madonna mit dem Stifter von Lucas van Leyden und die prächtige Kreuzigung vom Meister von Flémalle, um noch weit geringeren Preis. Auch für unsere deutsche Schule waren unsere Bemühungen nicht weniger erfolgreich. In der Versteigerung von Sir J. E. Millais konnten wir ein ausgezeichnetes Holbeinporträt um 3000 Pfund Sterling erwerben. Gleichfalls in England glückte uns die Erwerbung von zwei Hauptwerken Dürers aus der Zeit seines Aufenthalts in Venedig: die *Madonna mit dem Zeisig* und das Porträt der *Agnes D*(ürerin?), letzteres um nur 1000 Pfund Sterling. Dies kleine malerische Meisterwerk war vergeblich in London zum Kauf ausgeboten; da man die Stickerei am Brustlatz der Frau mit den Buchstaben A D als ungeschickte Fälschung ansah, wollte man das ganze Bild nicht als echt gelten lassen. Als ich nach dem Ankauf den reichen Spiegelrahmen, in dem das Bild halb versteckt war, entfernte, fand sich darunter Dürers echtes Monogramm. Dürers *Maria als Schmerzensmutter* brachte uns die Versteigerung Morosini in Venedig, wo das Bild als *Kopie* nicht einmal 400 Mark erreichte; glaubte man doch gerade in der Akademie zu Venedig das Original zu besitzen, das in Wahrheit eine auf Kupfer gemalte Kopie ist, etwa um 1600 entstanden. Zu unserem reichen Besitz an Meisterwerken des phantasievollen Kleinmalers Altdorfer kam als reizvollste die *Geburt Christi*, ein echt deutsches Weihnachtsbild; wenige Jahre früher hatten wir seine *Kreuzigung* als Geschenk erhalten.

In England boten sich damals besonders günstige Gelegenheiten zur Erwerbung hervorragender Stücke durch die sich immer steigernde Not der Großgrundbesitzer. Im Sommer 1894 glückte mir die Erwerbung unseres bedeutendsten Rembrandts, des Predigers *Anslo, der einer Witwe Trost spendet,* eines der umfangreichsten Hauptwerke des Meisters aus seiner mittleren Zeit. Lord Ashburnham verkaufte es uns um 20000 Pfund Sterling. Da ich ihm zu seinem Erstaunen dafür nicht gleich einen Scheck über diese Summe ausstellen konnte, verlangte er, dass ich, um mich zu legitimieren, »noch irgendeine Kleinigkeit aus seiner Galerie auswählen, aber sofort zahlen solle«. Ich wählte die köstliche Halbfigur eines jungen Mädchens im Profil, von Domenico Veneziano, und bot zögernd den Preis von 2000 Pfund Sterling. »Das hätte ich Ihnen auch um 200 Pfund Sterling gegeben,« war die Antwort. Die Unterhandlungen über jene kostspielige Erwerbung hatten mich längere Zeit in London festgehalten; sofort nach Abschluß eilte ich mich, nach Berlin zurückzufahren. Auf der Station erwartete mich ein kleiner Londoner Kunsthändler, der schon wiederholt in meinem Hotel vorgesprochen hatte, ohne mich zu treffen. Er beschwor mich nicht abzureisen; er könne mir einen der wichtigsten Ankäufe sofort vermitteln: Lord Northbrook habe ihm zehn seiner besten Bilder für zusammen 10000 Pfund Sterling an die Hand gegeben, darunter den *Hieronymus* von Antonello, den *Ölberg* von Mantegna, das Porträt von Petrus Cristus u. s. f. Da mehrere dieser Bilder zu den kostbarsten Kunstschätzen Englands gehören, kam mir das Angebot geradezu lächerlich vor; ich glaubte ihm um so weniger, als der Händler nicht lange vorher wegen bedenklichen Bankerotts verurteilt worden war, und ließ mich von der Rückreise nicht abhalten – leider, denn in Berlin erfuhr ich kurz darauf, daß das Angebot ein ernsthaftes gewesen, und daß die Londoner Nationalgalerie inzwischen die Hauptwerke erworben hatte, freilich um einen wesentlich höheren Preis.

Bald nach meiner Rückkehr nach Berlin befiel mich eine tückische Venenkrankheit, deren Nachwirkungen ich heute noch nicht ganz überwunden habe. Eine Venenentzündung folgte der andern, bis eine schwere Embolie mich für weitere Monate auf das Krankenlager warf. Wiederholte Rückfälle haben mich seither heimgesucht und mehrmals ebensolange Pausen in meiner Tätigkeit veranlaßt;

auch wenn die Krankheit sich beruhigte, war ich sehr behindert und verdanke es der aufopfernden Beihilfe meines jungen Kollegen Max Friedlaender und mehrfach auch des Generaldirektors Schöne, daß die Erweiterung der Galerie ungeschwächt ihren Fortgang nehmen und unsere Pläne für den Bau eines *Renaissance-Museums* bald durch das Kaiser Friedrich-Museum verwirklicht werden konnten.

Die Lebensgefahr, in der ich damals und seither wiederholt schwebte, ließ mich in der unfreiwilligen Muße auf dem Krankenbett, neben dem Ausspinnen von Plänen für Neubauten, über Wege und Mittel nachsinnen, wie über mein Leben hinaus unsere Museen auf dem Kunstmarkt konkurrenzfähig erhalten werden könnten. Freilich hatten wir schon eine Reihe großer Sammler und Händler für unsere Museen warm interessiert. Um aber unseren Sammlungen eine dauernde Stütze und Beihilfe zu schaffen, entwarf ich den Plan zu einem Verein von Museumsfreunden, wandte mich an den Kreis uns befreundeter Sammler und hatte die Freude 1895, bald nachdem sich mein Zustand anscheinend gebessert hatte, einen solchen Verein eröffnen zu können. Da ihm damals als erste Aufgabe die Propaganda für einen Neubau zur Aufnahme unserer reichen Schätze der Renaissancekunst zufiel, deren Sammlung uns unter Protektion und lebhafter Förderung des Kronprinzen Friedrich Wilhelm gelungen war, so nannten wir den Verein, der sich in wenigen Jahren sehr glücklich entwickelte, Kaiser-Friedrich-Museums-Verein. Der Name ist dann für das Museum, für dessen Einrichtung wir das Interesse des jungen Kaisers zu erregen wußten, beibehalten worden.

Dank diesen mannigfaltigen Unterstützungen und Förderungen gelang uns eine ausgiebige Weiterbildung unserer Sammlungen, insbesondere auch der Gemäldegalerie. Vom Bette aus habe ich diese stärker systematisch als bisher zu fördern gesucht, wenn mir auch hohe künstlerische Qualität erster Grundsatz beim Sammeln blieb. Einige rüstige junge Händler, die wir namentlich in England und Italien zu gewinnen und jahrelang an uns zu ketten wußten, haben uns damals mit gutem Erfolg zur Vervollständigung unserer primitiven Meister der verschiedenen Schulen geholfen, Charakteristische und tüchtige, meist kleinere Werke von Jan van Eyck (die *Kreuzigung* und das Bildnis des Balduin von Lannoy), Roger van der Weyden (besonders das herrliche Frauenbildnis), Memling, Bouts,

Gertgen van St. Jans, Gerard David, das Porträt des Nic. Strozzi vom Meister von Flémalle, Porträts von Scorel, A. Mor, verschiedene Bilder und kleinere Altäre der Antwerpener Manieristen, von Hieronjnnus Bosch u. a. m. verdanken wir diesen Beziehungen. In ähnlicher Weise konnten wir auch den Bestand unserer italienischen Primitiven bereichern: die kleine Grablegung von Simone Martini, die prächtigen vier Heiligen von Masaccio, die stimmungsvolle Predella mit der Aufbahrung des h. Franz von Fra Angelico, denen später noch Giottos Altartafel mit dem Tode der Maria folgte, füllten Lücken aus, die unsere Galerie später wohl nie zu füllen imstande gewesen wäre. Auch einige besonders wertvolle frühe französische Bilder konnten jetzt und in den folgenden Jahren erworben werden: namentlich Fouquets *Porträt seines Gönners Estienne Chevalier mit dem h.* Stephan und die beiden breiten Altartafeln von Simon Marmion.

In London hatten wir uns im Jahre 1898 beim Ankauf einer bekannten englischen Sammlung, der Galerie Pelham Clinton Hope, beteiligt, der uns einige treffliche Niederländer des 17. Jahrhunderts, darunter Vermeers *Besuch*, Jan Steens *Kindtaufe*, ein Meisterwerk von A. van de Velde und zwei Landschaften von Rubens einbrachte. Eine ganze Reihe ansehnlicher Geschenke brachte die Eröffnung des Kaiser Friedrich-Museums 1904 auch der Galerie. Vor allem mit der Stiftung von Dr. James Simon die köstliche frühe Madonna von Mantegna, eine Madonna mit Engeln von Raffaellino und das Jünglingsporträt von Bronzino, und in der gleichzeitig gekauften Sammlung Adolf Thiem mit ihren ausgezeichneten Stilleben, Porträts und primitiven Bildern, als Geschenk das außerordentlich vornehme Porträt der Marchesa Geronima Spinola des A. van Dyck, von dem wir schon einige Jahre vorher aus der Sammlung Peel zwei herrliche große Porträts erworben hatten. Ein stattliches Männerbildnis Gainsboroughs, das Alfred Beit damals zur Eröffnung stiftete, wurde die Veranlassung zu einer kleinen Sammlung der großen englischen Meister des 18. Jahrhunderts, namentlich Bildnissen von Reynolds, Raeburn und Romney, um auch von dieser Schule wenigstens eine Vorstellung zu geben.

Um diese Zeit etwa setzte eine ernsthafte Konkurrenz der Amerikaner im Sammeln alter Kunst ein. Sammler, wie Quincy A. Shaw oder Henry Marquand hatten schon wesentlich früher manches

Gute über den Ozean geholt, aber ihre Erwerbungen waren noch vereinzelt und bewegten sich in Preisen, wie sie auch die Sammler und Museen in Europa zahlten. Mit John Pierpont Morgan tauchte der erste Amerikaner auf, der à tout prix alles Gute haben wollte, was im Privatbesitz nicht niet- und nagelfest war. Sein Vorgehen ermutigte unternehmende Händler, für ihn und für Konkurrenten, die in wenigen Jahren in größerer Zahl sich meldeten, Preise für Kunstwerke anzulegen, die das Vielfache der bisherigen Preise waren. Den Auftakt dazu gab der Ankauf unserer Berliner Sammlung O. Hainauer; während deutsche Händler der Witwe kaum eine Million Mark dafür zu bieten wagten, entschloß sich die Firma Duveen sofort, die vierfache Summe dafür zu zahlen. Da die Sammlung mit unserer Hilfe zusammengebracht war und für uns gesichert zu sein schien, war dieser Einbruch in unser Bereich ein böses Omen. Der Verkauf der Sammlung Rudolf Kann an dieselbe Firma um den Preis von 20 Millionen Francs folgte gleich im nächsten Jahre. Auch hier hatten wir Aussicht gehabt, mit einem Teil der herrlichen Sammlung, an deren Bildung ich wesentlich beteiligt war, bedacht zu werden. Der Besitzer, ein Junggeselle, hatte daran gedacht, die primitiven Bilder dem Louvre, die Werke der flämischen Schule seiner Vaterstadt Frankfurt und die der holländischen Schule unserer Galerie zu vermachen, aber er starb, ehe er sein Testament niedergeschrieben hatte. Ähnlich erging es uns mit einem anderen großen Sammler, der fast gleichzeitig mit seinem Freunde Kann gestorben war, Alfred Beit; seine Absicht, uns einen wesentlichen Teil seiner ganz gewählten, zum großen Teil unter meiner Beihilfe gebildeten Sammlungen zu hinterlassen, wagte der fast ausschließlich in Großbritannien begüterte Hamburger bei der ausgesprochenen Feindschaft König Eduards gegen Deutschland nicht zur Ausführung zu bringen.

Bei den ganz außerordentlichen Preisen, welche die amerikanischen und nach Amerika verkaufenden Kunsthändler zahlten und glatt erhielten, mußten wir einsehen, daß uns ein Kampf gegen sie nur in seltenen Fällen möglich sei; wir machten es also, wie wir es mit gutem Erfolg schon seit mehreren Jahrzehnten mit angesehenen Händlern in Europa gemacht hatten: wir suchten ihnen behilflich zu sein und dadurch zugleich für unsere Sammlungen Nutzen zu ziehen. Auch hier ist es uns gelungen. Vor allem haben wir unsere

Sammeltätigkeit seither besonders auf Gebiete eingestellt, die weniger Interesse für Privatsammler haben, oder die als Zimmerschmuck wenig geeignet erscheinen. So hatten wir bei der Erwerbung der höchst eigenartigen großen *Aufbahrung des Leichnams Christi* von Carpaccio und der *Auferstehung Christi* von Giovanni Bellini damals (im Jahre 1905) noch keine Konkurrenz von amerikanischer Seite zu fürchten, ebensowenig wie bei dem erst im Anfang des Kriegs gelungenen Ankauf von Tizians *Venus mit dem Orgelspieler*. Dies Meisterwerk aus Tizians späterer Zeit wurde – wie ich erst neuerdings erfuhr – schon vor dem Kriege Duveens angeboten, aber (trotz mäßiger Forderung) wegen der Nacktheit abgelehnt. Eigentümer war einer der in Italien lebenden spanischen Bourbons, wodurch die Herkunft des Bildes aus Madrid gesichert ist, auf die schon das Porträt des Orgelspielers – der junge Philipp II. – hinwies. Aus gleichem Besitz stammt das tief empfundene Gemälde der *Anbetung der Hirten* von Hugo van der Goes, dessen Erwerbung schon wegen seiner eigentümlichen Form uns weit weniger Mühe und Kosten machte als der Kauf der noch meisterhafteren großen Altartafel, der *Anbetung der Könige* vom gleichen Meister, die gerade zehn Jahre nach dem ersten Bilde, am Weihnachtstage 1913, im Kaiser Friedrich-Museum eintraf.

Am wenigsten bestritten war uns das Gebiet der primitiven deutschen Malerei; zumal wenn sich Werke derselben im Ausland befanden. Da aber auch für solche Bilder allmählich wesentlich höhere Preise gezahlt wurden, so kamen sie eigentlich erst jetzt auf den Markt. Noch vor etwa fünfzehn Jahren hatten wir Bilder wie die acht großen Altartafeln von Multscher in London um 600 Pfund Sterling erwerben können. Die köstliche kleine *Anbetung der Hirten* von Martin Schongauer wurde uns, wie eine Photographie zwischen zwei Pappbogen verpackt, zur Ansicht aus London zugesandt und um geringen Preis angeboten. In der gleichen Zeit erwarben wir hier das Kölner Diptychon um 1350 und die kleine *Klage um den Gekreuzigten* von Konrat Witz. Ein kleines Diptychon mit besonders zart empfundenen Darstellungen der *Kreuzigung* und der *Erscheinung Christi* (etwa von 1400), fanden wir um 700 Mark im Münchener Kunsthandel. Umfangreiche Altarwerke des 14. Jahrhunderts boten sich in Deutschland selbst. So vom sogenannten Meister Wilhelm von Köln ein Flügelaltar in reicher Einrahmung aus westfälischem Besitz, sowie zwei thüringische Altäre aus Heiligenstadt und Flötz; vor allem das treffliche große Prager Madonnenbild mit Erzbischof Ernst als Stifter. Nach derselben Richtung konnten wir auch in den großen Versteigerungen, die einige Zeit vor und während dem Kriege in Berlin stattfanden, weitere wichtige Erwerbungen machen. So in der Versteigerung Weber das kleine burgundische Altärchen um 1390 und ein Diptychon, das als Arbeit des jungen Dürer während seines Aufenthalts am Oberrhein in Anspruch genommen werden darf; in der Versteigerung R. von Kaufmann vor allem die böhmische Kreuzigung und in der Versteigerung L. Knaus Cranachs kleine *Lucretia*, deren elfenbeinfarbener Körper sich leuchtend vom tiefschwarzem Grund abhebt; endlich die hervorragende Madonna von Geertgen van St. Jans aus der Sammlung von Hollitscher. Gleichzeitig konnten wir auch den bisher recht schwachen Bestand an deutschen Werken des 17, und 18. Jahrhunderts wesentlich vermehren, namentlich durch ein paar treffliche Werke von Lys und Elsheimer, von Graff, Chodowiecky, Tischbein, Ziesenis, A. D. Therbusch u. a.

Ähnliches gilt für Erwerbungen aus der Nachblüte der italienischen Malerei, deren malerisch ausgezeichnete Werke von A. Canale, F. Guardi, Tiepolo und Piazzetta erst neuerdings in einem der Seitenkabinette des Spreeflügels vereinigt werden konnten. Daß eine langsame Vermehrung unserer Bilderbestände, namentlich nach der Richtung der ältesten Tafelmalerei nördlich der Alpen, auch in Zukunft noch möglich und daher – zur Erforschung dieser wenig gesammelten und bekannten Kunst – auch unsere Pflicht sein wird, beweist die Erwerbung solcher Bilder im letzten Jahre: des großen Augsburger *Tod der Maria* von 1432, der südfranzösischen oder savoyischen *Kreuzigung* um 1415 und einer kleinen Zahl norddeutscher und böhmischer, um 1400 entstandener Täfelchen. – Eine recht beträchtliche Zahl dieser Vermehrungen kam als Geschenke oder als Ankäufe unseres Museums-Vereins an die Galerie. Sie wurden gerade jetzt bei der 25. Wiederkehr des Stiftungsjahres in einer besonderen Ausstellung gezeigt.

Während dieser Bereicherungen mußten wir leider mit gefesselten Händen zusehen, wie uns dank dem famosen *Friedensvertrag* die wertvollsten Werke unserer Galerie, die ihren Weltruf begründet hatten, die zwölf Tafeln der Brüder van Eyck samt zwei ausgezeichneten Bildern von Dirk Bouts entführt wurden. Durch die Revolution ist uns das Vermächtnis einer ausgezeichneten kleinen Sammlung holländischer Meisterwerke entgangen. Überhaupt ist jede Hoffnung auf Stiftungen und Vermächtnisse für lange Zeit aussichtslos; sind doch auch die Privatsammlungen mit hervorragenden Kunstwerken, die wir zusammenbringen halfen, damit sie in späteren Zeiten, im Fall ihrer Veräußerung, die Reserven für Vermehrung unserer Galerie bilden könnten, bereits zum größeren Teil verkauft oder werden meist in kurzer Zeit diesen Weg gehen müssen. Für unsere Berliner Sammlungen droht zurzeit, neben allen anderen Nöten, eine schwere Sorge in der Verwilderung der alten Museumsbauten und der planlosen Fortführung der Neubauten, durch die jetzt die Sammlungen selbst bereits wesentlich gelitten haben und für die Zukunft aufs schwerste bedroht sind.

Die Sammlungen nachantiker Plastik, die islamische und die ostasiatische Kunstabteilung

Da bei meiner Berufung an die Gemäldesammlung, wie ich schon früher erwähnte, eine Assistentenstelle nicht vorhanden war, wurde mir die grade unbesetzte Stelle eines Assistenten an der Abteilung der antiken Bildwerke zugewiesen. Graf Usedom erklärte mir, es sei ihm diese Doppelstellung für mich besonders erwünscht, da er mir als ersten Auftrag die Bildung einer umfassenden Sammlung von Abgüssen der italienischen Renaissanceplastik zugedacht habe. Originalwerke könne man in Italien nicht mehr kaufen, weder Bildwerke noch Gemälde; er habe sich deshalb die Aufgabe gestellt, eine möglichst vollständige Sammlung von Kopien nach den Meisterwerken der italienischen Malerei und von Abgüssen nach den wichtigsten Skulpturen machen zu lassen. Als ich vorsichtig einige Bedenken in bezug auf eine Sammlung von Kopien nach Bildern zu äußern wagte, überhörte er sie diplomatisch; er kenne den Kunsthandel in Italien aus eigener Erfahrung. Da mir selbst diese Kenntnis damals noch völlig abging – mein erster Aufenthalt in Italien 1871 hatte nur den Kunstwerken in öffentlichem Besitz gegolten – übernahm ich zunächst die Aufgabe der Bildung einer Sammlung von Abgüssen nach italienischen Bildwerken, für die ich während meiner ersten Dienstreise in Italien 1872/73 ein Programm aufstellte. Unerwarteterweise ermöglichte mir gleich diese erste Reise die Erwerbung eines tüchtigen Originals: die große Marmorbüste eines Barockmeisters, den Maler Maratti darstellend. Aber die Schwierigkeiten, die sich aus meiner Zwitterstellung ergaben, sollten sich bald zeigen. Zwei Jahre später fand ich im Florentiner Kunsthandel die Marmorbüste eines dornengekrönten Christus, deren Ankauf ich dem Generaldirektor warm empfahl. Da Graf Usedom durch Monate nicht antwortete, erteilte mir unser Protektor, der Kronprinz, der gerade in Florenz anwesend war, seinerseits die Erlaubnis, den Kauf abzuschließen. Ich stellte die Büste aus, fand sie aber am folgenden Tage mit einem Zettel des Direktors der Antikensammlung, die Büste gehöre nicht in die Sammlung, in meinem Zimmer vor. Ich antwortete darauf, die Büste sei im Einverständnis mit dem Herrn Protektor erworben, worauf der Direktor sie sofort ins Kronprinzenpalais bringen und dort auf die Treppe stellen ließ, mit einem Zettel dabei: S. kaiserliche Hoheit möge seine Erwerbungen gefälligst bei sich aufstellen! Gleichzeitig hatte er die Erwerbung von ein paar von mir vorgeschlagenen Madonnenreliefs des Quattrocento mit der Bemerkung abgelehnt, es befänden sich nach seiner Zählung schon zwanzig Madonnen in der Sammlung, daher sei ein weiteres Bedürfnis danach nicht mehr vorhanden.

Derselbe Beamte hatte die ersten Tafeln des großen Pergamon-Frieses, die Karl Humann dem Museum zum Geschenk gemacht hatte, um eine weitere Ausgrabung anzuregen, ohne jede Antwort sofort magaziniert, da sie nicht museumswürdig seien. Auf diese und ähnliche Leistungen wurde ihm der wohlverdiente Ruhestand nicht länger vorenthalten. Aber nun kamen die Schwierigkeiten, für die Abteilung der nachantiken Bildwerke Erwerbungen zu machen, wieder vom Generaldirektor Graf Usedom. Die Genehmigung zum Ankauf des reizend naiven Putto von Andrea della Robbia, der jetzt seit Jahrzehnten, ohne Anstoß zu erregen, die Abteilung schmückt, hatte er als »unanständig« verweigert. Stuckreliefs lehnte er prinzipiell ab: Stuck sei Gips, Stuckreliefs gehörten also nicht in die Sammlung der Originale: und in die Gipssammlung paßten sie gleichfalls nicht, da sie bemalt seien! Für den Ankauf von Büsten war er dagegen leicht zu gewinnen, da sie historisches Interesse hätten; hielt er sich doch für einen großen Geschichtsforscher. Aber auch hier ergab sich eine große Schwierigkeit: Usedom verlangte regelmäßig die Einsendung der von mir vorgeschlagenen Büsten, was von den Besitzern natürlich stets abgelehnt wurde. So entging uns Donatellos großartige Büste des Niccolo Uzzano, die ich damals um 13000 Lire für uns gesichert hatte. Einen gleich schweren Verlust verschuldete der Generaldirektor nicht lange darauf, indem er eine Depesche an mich, in der mir der Ankauf von Rossellinos herrlichem Sebastians-Altar in der Collegiata zu Empoli gemeldet wurde, mir vorenthalten hatte. Der Händler hatte die Depesche nämlich an den *Generaldirektor Bode* adressiert. »Generaldirektor bin ich,« hatte Graf Usedom, dem die Depesche zufällig vor Augen kam, bemerkt, hatte die Depesche aufgebrochen, beiseite gelegt und – vergessen. Als ich nach einem Monat davon erfuhr, war der Verkauf rückgängig gemacht worden.

Bei dem ersten wirklich hervorragenden Ankauf für die Abteilung der italienischen Originalbildwerke: den drei berühmten Florentiner Quattrocento-Büsten und der bronzenen Johannesstatue von Donatello im Palazzo Strozzi (1877) hatten wir dagegen keinen Widerstand Usedoms zu überwinden, da er in Florenz bei den Strozzis verkehrt hatte und die Kunstwerke im Palast zu kennen glaubte. Leicht war uns die Erwerbung aber doch nicht geworden; noch im letzten Augenblick wären sie uns fast entgangen. Unser Unterhändler hatte nämlich einen gelegentlichen Besuch von Baron Adolphe Rothschild in Florenz benutzt, um auch diesen auf die Schätze im Palazzo Strozzi aufmerksam zu machen. Glücklicherweise hat die Baronin einen kleinen, sehr kunstreich in Eisen geschnittenen Schlüssel, der traditionell als Arbeit Cellinis galt, den *garstigen Fratzen* der Büsten vorgezogen.

Eine ebenso bedeutende Erwerbung, um die wir gleichzeitig schon seit dem Besuch des Kronprinzenpaars in Oberitalien 1875 handelten, der Giovannino von Michelangelo, wäre uns fast durch Dazwischenkunft desselben kaufkräftigen Sammlers vereitelt worden. Nachdem wir durch unsern Florentiner Händler den Kauf um 130000 Francs abgeschlossen hatten, erhielt dieser eine Depesche von Adolphe Rothschild, er brauche sofort eine sehr gute lebensgroße Marmorstatue für sein neues Palais in der Rue Monceau. Unser wenig skrupulöser Unterhändler, der eben den Kauf für uns abgeschlossen hatte, machte trotzdem seinen Gönner auf die Statue aufmerksam und besichtigte sie mit ihm im Palast des Grafen Rosselmini in Pisa. Rothschild war sehr entzückt davon und war auch mit dem Preise von 500000 Francs, den ihm der Händler nannte, einverstanden. Während der Händler sofort nach Florenz zurückfuhr, blieb Baron Rothschild die Nacht über in Pisa und versuchte am folgenden Morgen vor seiner Abreise die Statue, die auf einem Treppenabsatz im Palast stand, noch einmal zu sehen. Der Portier sagte, daß er dazu die Erlaubnis des Conte einholen müsse. Der Baron gab daher seine Karte, worauf der Conte Rosselmini selbst erschien. Rothschild erwähnte beiläufig den Preis, der Besitzer aber sagte, seine Forderung sei nie eine halbe, sondern stets eine ganze Million gewesen. Entrüstet verabschiedete sich der Baron und sandte ein grobes, ablehnendes Telegramm an den Händler. Nach mehreren Monaten neuen Handelns erhielten wir die Statue um den achten Teil jener Forderung des Besitzers.

Als die Figur in Berlin ankam, war Graf Usedom endlich von seiner Stellung zurückgetreten; dadurch bekam ich fortan fast freie Hand in der mir jetzt allein unterstehenden Abteilung. Durch die häufigen Reisen nach Italien, behufs Herstellung guter Formen nach den hervorragendsten italienischen Bildwerken des Mittelalters und der Renaissance, hatte ich Gelegenheit gefunden, mich zu überzeugen, daß im Privatbesitz, namentlich in Italien, noch eine recht beträchtliche Zahl tüchtiger Originale aus nachantiker Zeit vorhanden war. Ich konnte daher den Versuch machen, systematisch an einen allmählichen Aufbau einer möglichst vielseitigen Sammlung von Bildwerken dieser Zeit heranzugehen. Ein guter Anfang war schon durch Waagen gemacht worden, der 1841/42 in Venedig mit der Sammlung Pajaro die Hauptstücke unserer Sammlung venezianischer Plastik und dann in Florenz einige treffliche Florentiner Büsten und Reliefporträts erworben hatte. Heute ist diese Sammlung soweit ausgebaut, daß sie für die Renaissance wie die Gotik die vielseitigste und nach verschiedenen Richtungen auch die reichste und wertvollste ist. Freilich konnten wir dies nur sehr allmählich erreichen, da die Werke dieser Zeit sehr vereinzelt und meist sehr versteckt in Privatbesitz waren ; zum größeren Teil sogar ihrem Wert nach den Besitzern selbst unbekannt. War doch die Kenntnis der italienischen Bildner vor einem Menschenalter noch recht schwach, so daß ich bei meinen Ankäufen zunächst vor allem auf Echtheit und Qualität achtgeben mußte. Aber das Leben auf Reisen, wie ich es durch mehrere Jahrzehnte fast ununterbrochen führen mußte, und die mir dadurch gebotene Gelegenheit, die Monumente an Ort und Stelle sowie die öffentlichen und privaten Sammlungen immer wieder zu studieren, gaben mir allmählich größere Sicherheit; ich lernte dabei die einzelnen Schulen und Meister unterscheiden, lernte auf ihre Entwicklung achten und erweiterte meine Kenntnisse gleichzeitig dadurch, daß ich meine Beobachtungen wissenschaftlich verarbeitete.

Was ich so gewann und vor den meisten Kollegen voraus hatte, konnte ich oft vorteilhaft für unsere Sammlungen verwerten; echte, wertvolle Stücke fand ich nicht selten namenlos oder als zweifelhaft im Handel und konnte sie billig erwerben. So wurde mir u. a. unser anmutigstes Madonnenrelief von Luca della Robbia, die *Madonna mit dem Apfel*, vom Verkäufer selbst als Fälschung bezeichnet; verschiedene unserer wertvollsten Bronzen konnte ich nur erwerben, weil sie als Fälschungen verschrieen waren; auch die vornehme, große, holzgeschnitzte Gruppe der Verkündigung kaufte ich von dem berüchtigtsten Fälscher in Florenz, von Bastianini. Solche und ähnliche ganz billige Erwerbungen hatten freilich die üble Folge, daß neidische Händler und Kollegen darauf aus waren, auch mir einmal den Ankauf einer recht eklatanten Fälschung nachzuweisen. Grade bei einer meiner wertvollsten Erwerbungen, der Wachsbüste der Flora aus Leonardos Werkstatt, schien sich diese Gelegenheit zu bieten. Auf die schwindelhafte Aussage eines Winkelhändlers wurde diese Büste durch Monate in aller Welt als Fälschung verkündet und lächerlich gemacht – ein trauriges Zeichen dafür, wie wenig Leute imstande sind, sich selbständig ein Urteil zu bilden, sobald es sich um ein Kunstwerk handelt, das außerhalb der alltäglichen Handelsware liegt.

An unsere Sammlung der Renaissanceskulpturen, zum Teil auch der gotischen Bildwerke Italiens, knüpfte sich in den letzten Jahrzehnten ein gut Teil des Fortschritts in der Erkenntnis von Kunst und Künstlern jener Epochen, abseits von ihren beglaubigten Hauptwerken in den Kirchen und öffentlichen Bauten Italiens. Wer konnte vor einem Menschenalter die Werke eines Luca und Andrea della Robbia und ihrer Werkstatt auseinanderhalten? Wie willkürlich wurden die Arbeiten eines Desiderio mit denen der beiden Rossellino, des Benedetto da Majano, Minos und ihrer Nachahmer durcheinander geworfen! Donatello und seine Nachfolger haben wir erst aus ihren Stuckreliefs als Meister der Madonnenkomposition kennen gelernt; und daß auch Ghiberti für die Entwicklung der Madonnendarstellung die größte Bedeutung hatte, konnte ich erst kürzlich aus zahlreichen frühen Ton- und Stuckarbeiten unserer Sammlung nachweisen. Die kleineren Meister: der *Meister der unartigen Kinder*, der *Meister der Marmormadonnen*, der *Meister der Johannesstatuetten* haben hier ihre Taufe erhalten. Die reiche Sammlung von Quattrocentoreliefs in Ton und Stuck, die namentlich den langen Oberlichtsaal im Oberstock des Kaiser Friedrich-Museums füllen, ist seit Jahren die hohe Schule für das Studium dieser Gattung der toskanischen Plastik gewesen; sie wird es noch für längere Zeit bleiben, da noch manche Fragen ungelöst sind oder gelegentlich wohl auch eine neue Lösung ermöglichen.

Am meisten ist unsere Sammeltätigkeit der Schule, die durch mehrere Jahrhunderte die Führung in Italien hatte, der toskanischen Schule, namentlich der Florentiner, zustatten gekommen, von den großen Pisaner Meistern seit Niccolo bis in das Cinquecento. Fast alle großen und manche kleinen Künstler sind bei uns in verschiedenen Werken, vielfach in wahren Meisterwerken vertreten. Daneben sind die – bis auf Quercia – stark von Florenz abhängigen sienesischen Quattrocentobildhauer, die außerhalb Sienas sonst fast überall fehlen, verhältnismäßig vollständig und aufschlußreich vertreten; die Paduaner wie die ferraresisch-bolognesische Schule ist hervorragend gut, die römische und süditalische wie die venezianische Schule reicher als sonst außerhalb Italiens vorhanden; schwächer dagegen die Lombarden, obgleich auch diese in der trefflichen Marmorbüste des alten Genueser Nobile Accelino Salvago von Tamagnini ein Hauptwerk aufzuweisen haben.

Die Reichhaltigkeit und die Bedeutung dieser Sammlung kommt jetzt im Kaiser Friedrich-Museum, den freilich überfüllten Saal der Stuckreliefs ausgenommen, wenig zur Geltung, da die Mehrzahl der Bildwerke als Dekoration zwischen den Gemälden aufgestellt sind. In den Erdgeschoßsälen am Kanal hatten sie ursprünglich einen günstigeren Platz, der ihnen hoffentlich nicht allzulange mehr vorenthalten bleiben wird.

Aus der Menge der anderen Bildwerke sind mit der Zeit die Bronzen als eigene Sammlung ausgesondert worden. Fast ohne einen Bestand aus älterer Zeit ist diese Sammlung begonnen und doch schon in wenigen Jahren zu einem gewissen Abschluß gebracht und seither nur gelegentlich nach der einen oder anderen Richtung noch bereichert worden. Auch hier war es der Generaldirektor Graf Usedom, der anfangs das Sammeln nach dieser Richtung verhinderte; solch kleiner Krimskrams gehöre nicht in eine öffentliche Sammlung, war seine Antwort, wenn ich Bronzestatuetten vorschlug. Nur wenn es sich um größere Stücke handelte, war er einverstanden; so konnte ich schon früh den Reiter von Riccio, die Gonzaga-Büste und den Johannes von Donatello erwerben, mußte aber Bertoldos *Neger zu Pferd vom Löwen angefallen*, seine *Wilden Männer* und andere Stücke Bekannten zu verschaffen suchen. Bei der Erwerbung der lebensgroßen Büste des Lodovico Gonzaga hatte ich besonderes Glück. Ich besuchte den bekannten

Pariser Amateur-Marchand Friedrich Spitzer, der damals (1877) noch in einem Hause der Rue de Rivoli wohnte, und ließ mir seine Schätze zeigen, als sich unerwartet Baron Adolphe Rothschild, sein Gönner und bester Kunde, melden ließ, mit dem er mich aus irgendeinem Grund nicht zusammenzubringen wünschte. Er nötigte mich daher rasch in ein kleines Zimmer nach dem Hofe, mit allerhand Abraum. Am Boden lag eine Bronzebüste ohne Sockel, die meine Aufmerksamkeit erregte. Ich betrachtete sie genau, und Spitzer überraschte mich mit der Büste in der Hand, als er wieder eintrat und mich mit den Worten empfing:»die garstige Fälschung hätten Sie liegen lassen sollen; es ist eine Schande, daß ich mich damit habe anführen lassen.« Auf dieses Bekenntnis seinerseits behielt ich die Bemerkung, daß mir die Büste eine Studie Donatellos zu der von ihm geplanten Reiterstatue des großen Mantuaner Condottiere zu sein schiene, wohlweislich bei mir und konnte einige Wochen später *die Fälschung* um 3000 Francs durch einen Bekannten Spitzers erwerben.

Als ich bald darauf durch Usedoms Rücktritt im Sammeln frei wurde, hatte ich lange keine Aussicht auf Erwerbung guter kleiner Bronzen; das Interesse an Bronzestatuetten, das in den sechziger Jahren ein lebhaftes gewesen war, war damals sehr zurückgegangen; bei den niedrigen Preisen kamen sie nur ausnahmsweise in den Handel. Erst 1892 bot sich eine günstige Gelegenheit, deren Ausnutzung uns in wenigen Monaten eine reichhaltige Sammlung von italienischen Bronzestatuetten verschaffte. Ein alter Londoner Sammler, ursprünglich Händler, Isaak Falcke, bot dem mir bekannten Sammler Alfred Beit, der sich gleichzeitig in London und Hamburg ein eigenes Heim einrichtete, seine reichhaltige Sammlung von Kleinkunst allerart an. Da dieser sie nicht ganz übernehmen wollte, fragte er mich, ob ich Teile davon für die Museen brauchen könne. Ich wählte die etwa fünfzig Stück zählende Sammlung der Bronzestatuetten, nahm die Hälfte für unser Museum und benutzte den Rest, um aus dem Erlös einige hervorragende Stücke, die damals aus einer gerade aufgelösten alten Bronzesammlung der Familie Brambilla in den italienischen Kunsthandel kamen, zu erwerben; darunter *die Schutzflehende* von Francesco da Sant' Agata. Eine andere Gelegenheit bot sich mir fast gleichzeitig in England. Ein origineller, hochbetagter Sammler, Charles Butler in London, der seine

Räume mit Kunstwerken allerart ganz vollgestopft hatte, besaß die Eigenheit, gegen das Frühjahr, wo er regelmäßig einen Anfall von Grippe bekam, aus dem Räume, in den er dann sein Bett stellen ließ, alle Kunstsachen entfernen zu lassen und einen Händler mit ihrem Verkauf zu betrauen. In diesem Jahre traf das Schicksal ein Zimmer, in dem zahlreiche Kleinbronzen von der ägyptischen Zeit bis zum Empire, Gutes und Schlechtes durcheinander aufgehäuft war. Jedes Stück war mit einem Preise versehen; ich hatte die erste Auswahl und konnte neben seltenen und trefflichen Exemplaren der verschiedenen badenden Frauen von Gian Bologna Stücke wie den großen Herkules von Bertoldo, den Knaben Herkules die Schlangen würgend und andere Bronzen für unsere Sammlung billig erwerben. Ein weiterer Zuwachs kam uns damals auch aus unserem Antiquarium, aus dem uns – nicht ohne langen Kampf – etwa ein halbes Dutzend tüchtiger Statuetten des Quattrocento, die im 18. Jahrhundert als antik erworben waren, überlassen wurden.

Auch sonst kam uns manches zustatten, um den Ausbau dieser Sammlung italienischer Bronzestatuetten rasch und nach allen Seiten hin zu fördern. So galten z.B. die Kleinbronzen von Gian Bologna und seiner Schule in Paris, wo sie seit der Zeit Ludwigs XIV. mit Vorliebe gesammelt und als gute Dekorationsstücke aufbewahrt waren, als Arbeiten des Empire. Sie waren dort vor etwa dreißig Jahren fast überall im Handel zu finden und wurden durchschnittlich mit 500 bis 1000 Francs bezahlt, selbst Gruppen, wie der *Frauenraub* und *Tarquinius und Lucretia*. Ich konnte daher in kurzer Zeit eine fast vollständige Sammlung der reichhaltigen Serie dieser anmutigen Bronzen in guten oder selbst ausgezeichneten Exemplaren zusammenbringen. Selbst eine der nur in wenigen Exemplaren angefertigten großen Gruppen, die nur ganz ausnahmsweise einmal in den Handel kamen und als prächtige Dekorationsstücke stets sehr gesucht waren, konnte ich gelegentlich in Rom um etwa 10000 Mark erwerben, weil sie als Fälschung verschrien war, trotz einer kleinen Reparatur in Blei aus dem 17. Jahrhundert! Noch eines kam mir beim systematischen Sammeln besonders zustatten: Im täglichen Umgang mit der mehr und mehr anwachsenden Sammlung der Kleinbronzen, deren Reinigung und Nachpatinierung an der Luft (wenn sie ausnahmsweise nötig war) ich selbst besorgte, und im häufigen Vergleich derselben mit den reichen Bronzesammlungen im Bargello zu Florenz, im Wiener Hofmuseum, im Louvre und im Kensington Museum, wie bei unseren Konkurrenten, den Privatsammlern, die mehr und mehr aufkamen, gelang es mir, allmählich, aus dem Chaos meist unbestimmter oder willkürlich benannter Figürchen Gruppen bestimmter Meister zusammenzustellen, sie nach Schulen zu ordnen und für die hervorragenderen Stücke meist auch die Meister ausfindig zu machen: neben Donatello und Riccio, für deren Hauptwerke sich traditionell vielfach die richtigen Namen erhalten hatten, konnte ich Meister wie A. Pollajuolo, Bertoldo, Bellano, Antico, Francesco da Sant' Agata, Maffeo Olivieri als bestimmte Künstlerpersönlichkeiten mit einem mehr oder weniger umfangreichen Werk nachweisen. Dadurch wurde es mir möglich, vor andern unsere Sammlung systematisch auszubauen und wissenschaftlich zu nutzen.

In kaum zwölf Jahren – bis zur Eröffnung des Kaiser Friedrich-Museums 1904 – hat die Bronzesammlung im wesentlichen die Gestalt bekommen, in der sie sich heute darstellt und die in F. Goldschmidts Katalog von 1914 eine monumentale Veröffentlichung erhalten hat. Nur gelegentlich ist noch das eine oder andere Stück hinzuerworben, wie der wuchtige Herkules von A. Pollajuolo als Vermächtnis von Alfred Beit, und der merkwürdige große David, vielleicht von Paolo Savin, dem Schöpfer der , Mori auf dem Uhrturm des Markusplatzes; letztere ist ein Geschenk amerikanischer Freunde. Auch die hervorragendste Statuette unserer Sammlung, der tamburinschlagende Engel von Donatello, die ich billig erwerben konnte, weil sie allgemein als eine Fälschung abgelehnt war, wurde schließlich unserer Sammlung geschenkt.

Es lohnt, die kleine Geschichte ihrer Erwerbung zu erzählen als Illustration der Unsicherheit, welche noch vor 20 Jahren in den Kreisen der besten Kenner in bezug auf Bronzen herrschte, wenn sie über das Alltägliche hinausgingen. Überraschend erschien eines Abends in meinem Arbeitszimmer der mir seit Jahren gerade beim Ankauf von Bronzen behilfliche liebenswürdige englische Antiquar Murray Marks und stellte einen schweren Bronzeputto vor mir auf den Tisch.»Sehen Sie, was ich in London gefunden habe, und hören Sie, wie es mir damit ergangen ist,« so begrüßte er mich. In Bondstreet sei er einem ihm bekannten Aufkäufer mit dieser Figur begegnet, die derselbe gerade auf einer Möbelversteigerung um wenige Pfund Sterling erworben hatte. Er habe sie ihm sofort um 50 Pfund Sterling abgekauft und habe geglaubt, eine Bronze erworben zu haben, die mindestens aus der Nähe von Donatello stammen müsse; aber er sei überall ausgelacht worden, die einen hätten sie für Empire erklärt, die anderen gar für eine Fälschung; da habe er sich aufgemacht, um von mir zu erfahren, ob er wirklich ein Narr sei. Meine Entscheidung wolle er aber erst morgen hören, denn bei Licht könne man Bronzen nicht beurteilen. Ich fragte noch, ob die Figur denn käuflich sei, was er bejahte; nach allen Enttäuschungen fordere er nur 400 Pfund Sterling, würde sich aber von mir jede Reduktion gefallen lassen. Am folgenden Morgen hatte ich neben der Figur die Photographien des Taufbrunnens unter dem Dom in Siena mit den Putten von Donatello und der Lücke, an der sein Tamburinschläger vor ein paar Jahrhunderten gestanden hatte, ausgebreitet. Ich brauchte kein Wort hinzuzufügen.»Ich sehe jetzt,« sagte er halb traurig, halb erfreut,»daß meine Figur mit 400 Pfund Sterling verschenkt ist, aber sie gehört Ihnen, wenn Sie sie dafür behalten wollen; es freut mich wenigstens, dass in diesem Falle nicht ich der Narr gewesen bin.«

Zur Eröffnung des Kaiser-Friedrich-Museums hatten wir mit der großartigen Stiftung der Renaissancesammlung von Dr. James Simon auch eine Anzahl guter Bronzestatuetten und namentlich eine reiche und hervorragende Sammlung von Medaillen und Medaillenmodellen zum Geschenk erhalten, welche zusammen mit der allmählich gebildeten Sammlung italienischer Plaketten unsere italienische Bronzesammlung nach der Richtung der Erfindung und Komposition im kleinsten Format aufs glänzendste ergänzte. Mit dem Ankauf einer Sammlung von 70 solcher kleinen Bronzetäfelchen in Florenz hatten wir 1880 den Anfang gemacht; bei der Eröffnung des neuen Museums 1904 war die Sammlung auf rund 1000 Stück angewachsen.

Die Gemäldesammlung, wie die Renaissancebildwerke, namentlich die reiche, einzigartige Sammlung von Büsten und die Bronzesammlungen übten auf das kunstliebende Publikum im Neubau durch ihre eigenartige Aufstellung, zusammen mit Ausstattungsstücken der Zeit, eine große Anziehung aus. Aber auch für die Gelehrten vom Fach brachte das Kaiser-Friedrich-Museum eine Überraschung in der umfangreichen neuen Abteilung der altchristlichen, byzantinischen und frühmittelalterlichen Altertümer. Anfänge dazu hatte der Ankauf der Sammlung Pajaro in Venedig 1841 durch eine Anzahl longobardischer und venezianischer Zierstücke gebracht; dazu waren allmählich seit dem Ende der siebziger Jahre mittelalterliche Marmorarbeiten aus Süditalien und aus der Schule der Pisani gekommen.

Den Abschluß und eine hervorragende Erweiterung erhielt die Abteilung bei ihrer Aufstellung durch die sehr umfangreiche, von Professor Strzygowski mit außerordentlichem Geschick in Ägypten zusammengebrachte koptische Sammlung frühchristlicher Antiquitäten allerart und durch Aufstellung des Nischenmosaiks aus S. Michele in Affricisco in Ravenna, das Friedrich Wilhelm IV. für den geplanten Neubau eines Domes gekauft hatte. Die jetzt äußerst gedrängt in vier Sälen aufgestellte Abteilung wird hoffentlich in einigen Jahren den ganzen Spreeflügel des Erdgeschosses erhalten. Die frühchristlichen und byzantinischen Reliefs und die zahlreichen ober- und unteritalienischen Zierplatten, die Kapitale und andere Architekturstücke wie die toskanischen Statuen sind freilich meist nur Teile oder Fragmente größerer Monumente, aber sie geben die Kunst der Hauptschulen und vielfach selbst der Hauptmeister in charakteristischen Arbeiten wieder und vergegenwärtigen die Entwicklung so gut und reichhaltig wie keine andere Sammlung außerhalb Italiens. Arnolfo di Cambio, Niccolo Pisano, sein großer Sohn Giovanni, Andrea und Nino Pisano und ihre Werkstätten sind in einer größeren Zahl meist tüchtiger Bildwerke vertreten. Auch an den außerordentlich seltenen Büsten aus frühchristlicher bis spätmittelalterlicher Zeit besitzt die Abteilung eine ungewöhnliche Zahl. Sehr reichhaltig ist in der koptischen Kunst die Kleinplastik in Bein und Bronze vertreten, neben zahlreichen Geräten, Gefäßen und Stoffen.

Langsamer entstanden, in ihren Anfängen schon auf die alte kurfürstliche Kunstkammer zurückgehend, aber erst in den letzten Jahrzehnten zu einer der bedeutendsten Sammlungen ausgebildet, ist die Abteilung der deutschen Bildwerke. Aus der alten Kunstkammer stammen die silberne Madonnenstatuette von H. Hufnagel, die köstliche, kleine Buchsbüste von Conrad Meit und verschiedene Buchs- und Steinarbeiten. Nach Überweisung der Kunstkammerschätze an das Museum wurde die Sammlung aus dem Ankauf der Sammlung des Generalpostmeisters Nagler und durch Einzelerwerbungen des besonders dafür interessierten Generaldirektors von Olfers um eine Reihe ähnlicher tüchtiger Arbeiten der deutschen Kleinplastik bereichert. Unter den wenig zahlreichen größeren Stücken sind der bronzene Springbrunnen der Peter Vischer-Werkstätte, der silberne Patroklusschrein aus Soest, die schwäbische Schutzmantelmadonna aus Ravensburg, die fünfzehn Büsten der Fugger-Kapelle von Adolf Daucher, die beiden großen Imhof-Büsten von Johann Zar und das schwäbische Relief der Geburt Maria besonders bemerkenswert. Ein systematischer Ausbau dieser Abteilung konnte aber erst erfolgen, nachdem die Kunstkammer, welche auch die deutsche Plastik enthielt, aufgelöst und die kleine Zahl der deutschen Skulpturen bald nach 1880 der Abteilung der christlichen Bildwerke zugeteilt wurde.

Auch dieser deutschen Abteilung konnte ich von vornherein besondere Aufmerksamkeit zuwenden, da ich mir die Aufgabe gestellt hatte, gute Formen von den Hauptwerken der Plastik anfertigen zu lassen, und gleichzeitig eine Arbeit über die Geschichte der deutschen Plastik in Angriff genommen hatte. Aber einer raschen Vermehrung der Abteilung durch den Ankauf von Originalen stellten sich doch größere Schwierigkeiten entgegen. Im Handel kamen gute deutsche Bildwerke auch in Süddeutschland damals selten vor; da sich kaum Käufer dafür fanden und dann nur zu niedrigen Preisen, so hatten die Antiquare wenig Interesse, sich danach umzusehen. Ich bat daher die Former, die wir für die Herstellung der Abgüsse beschäftigten, mich gelegentlich auf käufliche Originale aufmerksam zu machen. So erwarb ich schon 1883 in Nürnberg die Steinfigur Kaiser Karls IV. und einige Jahre später auch drei Köpfe von den alten Skulpturen des *Schönen Brunnens*. In München war mir Alexander Günther, der damals jahrelang, hinter Lenbachs breitem Rücken, fast der Kunstpapst von München war, behilflich; freilich mehr um zugleich anderen zu helfen. So empfahl er mir ein paar sehr tüchtige, tadellos in ihrer alten Bemalung erhaltene Gruppen von einem oberrheinischen Meister um 1490: die *Messe des hl. Gregor* und das *Martyrium der hl. Katharina*, die sein stets in Geldnot befindlicher Freund Gedon besaß. Ich bezahlte sie mit dem damals außerordentlichen Preise von zusammen 3000 Mark. Aus Dankbarkeit dafür überließ mir Günther einige wertvolle Stücke seiner eigenen Sammlung, aus der er bei seiner Leidenschaft, immer Neues zu erwerben, von Zeit zu Zeit ganze Teile abgab. Wir gewannen so den sehr intimen schwäbischen Altar der Anbetung der Könige, einen eigenartigen hessischen Altar und vier Reliefs in Solenhofer Stein von Hans Daucher, zu denen ich kurz danach das Mittelstück entdeckte.

Der einzige deutsche Bildschnitzer, der schon in der Zeit der Romantiker, neben den klassischen italienischen Meistern, zur Geltung kam, ja zeitweilig selbst überschätzt wurde, Tilman Riemenschneider, war schon früh, namentlich in Würzburg, auch von Privatsammlern gesucht worden. Hier konnte mit gutem Erfolg das Sammeln einsetzen, und konnten wir seither nach der Richtung erfolgreich weitere Erwerbungen machen, so daß heute unsere Sammlung an Werken Riemenschneiders ebenso reich und mannigfaltig ist wie die des Münchener Nationalmuseums; sie besitzt etwa 20, meist eigenhändige Werke von ihm. Darunter wurden z. B. die vier Evangelisten, Hauptwerke seiner früheren Zeit, in Wien mit zusammen 1500 Gulden bezahlt, das Engelkonzert nur mit 400 Mark u. s. f. Selbst das große Relief mit *Christus, der der Magdalena erscheint*, kostete noch 1901 auf der Versteigerung Sattler (Meinberg) wenig mehr als 3000 Mark.

Verschiedene wertvolle Einzelankäufe, die uns zwischendurch von Zeit zu Zeit gelangen, stammten wieder meist aus dem Besitz von Künstlern, die sie bei gelegentlicher Beschäftigung in den Kirchen von den Böden heruntergeholt und erworben hatten. So die kolossale Schutzmantelmadonna, angeblich von H. Erhart, verschiedene Engelfiguren und Reliefs aus dem Besitz der Familie Seitz, zwei Statuen in der Art des Veit Stoß sowie eine Pietà aus dem Besitz des Bildhauers Heß u. a. m. Sogar aus Neu-Orleans konnten wir ein paar wertvolle Bildschnitzereien (darunter den *Sippenaltar* vom *Meister des Ulmer Hochaltars*) zurückerwerben, die ein bayerischer *Herrgottschnitzer* als Vorbilder für sein Handwerk mit nach Amerika hinübergenommen hatte. Auch aus rein gotischer Zeit gelangen allmählich vereinzelte Erwerbungen, die wertvollsten aus der Übergangszeit der Renaissance, wie die tief empfundene Pietà aus weichem Stein (aus Baden bei Wien), verschiedene Tiroler und bayerische Figuren; auch ein paar treffliche französische Madonnen, die eine eigentümlicherweise von einer Kapelle in Pisa stammend, die andere typisch burgundisch aus der Zeit des Duc de Berry.

Seit der Bau des Kaiser-Friedrich-Museums beschlossen war und damit ausreichender Platz auch für deutsche Plastik vorhanden schien, konnten wir daran gehen, nach zwei neuen Richtungen die Sammlung zu bereichern: durch Erwerbung größerer Monumente und durch Einbeziehung der Plastik des Barocks und Rokokos in unser Sammelgebiet. Nach ersterer Richtung ist uns unser vorgesetztes Ministerium, namentlich unter Exzellenz Schmidt-Ott sehr behilflich gewesen, sobald eine Kirche schadhafte Altäre oder andere große Bildwerke zu beseitigen und durch Kopien oder neue Kunstwerke ersetzt zu sehen wünschte. So haben wir die Gröninger Empore des 12. Jahrhunderts, den großen gotischen Altar aus Minden, die Reste des Lettners aus der Michaeliskirche in Naumburg und die Figuren von der Fassade der Liebfrauenkirche in Trier erwerben können. Daneben erwarben wir mehrere schwäbische, bayerische und Thüringer Altäre, den trefflichen großen Tiroler Altar aus Gmarr, einen dreiteiligen niederländischen Altar aus der Sammlung Weber und verschiedene große gotische Grabsteine. Dazu überwies Kaiser Wilhelm zur Ausstattung des Neubaues die trefflichen Statuen der Generale Friedrichs des Großen von Schadow und Tassaert, sowie Pigalles Marmorstatuen von Merkur und Venus im Treppenhaus. Als Hauptwerk des 18. Jahrhunderts wird noch der früher in Mannheim befindliche prächtige Hochaltar von Egel, der bis jetzt noch im Eingangsraum des Kunstgewerbemuseums untergebracht ist, hinzukommen. Aus dieser Zeit, namentlich aus dem Rokoko, konnten wir in den letzten beiden Jahrzehnten eine beträchtliche Zahl von charakteristischen und zum Teil ausgezeichneten Bildwerken der verschiedenartigsten Meister erwerben, in neuerer Zeit unter wesentlicher Beihilfe des Kollegen Dr. Demmler, der nach Beendigung des Krieges diese deutsche Abteilung als Direktor übernommen hat.

Der Menge und der Qualität nach sind unter diesen Bildwerken des Rokoko die Kleinplastiken in Buchs, Ton, Alabaster u. s. f. besonders ausgezeichnet, wie denn überhaupt die deutsche Kleinplastik, namentlich aus dem 16. Jahrhundert, in unserer Sammlung so reichhaltig und vortrefflich vertreten ist wie sonst nur im Wiener Hofmuseum und im Münchener Nationalmuseum. Nicht nur durch die mehr als 500 Stück zählende Sammlung deutscher Plaketten (die reichste in ihrer Art), sondern vor allem durch die Statuetten, kleinen Büsten und Reliefs in Buchs, Elfenbein und Solenhofer Stein von Hans Daucher, den beiden Hering, Victor Kaiser, Hans Leinberger, Friedrich Hagenauer und manchen bisher dem Namen nach noch unbekannten Künstlern. Um einzelne Stücke haben wir schwer kämpfen und sie teuer bezahlen müssen, die Mehrzahl konnte ich billig erwerben. So die dem Jan van Eyck nahestehende Buchsmadonna, das oberrheinische Steinrelief der Madonna mit Engeln vor der Rosenhecke (325 Mark), den frühen heiligen Christoph auf reichgeschnitztem Sockel (letzteren um 38 Mark) u. a. m. Besonderes Glück hatten wir mit den Werken von Leinberger. Schon vor 40 Jahren erwarb ich die große Bronzestatuette der Madonna aus Mosburg um 300 Mark. Nicht viel mehr kostete uns das treffliche kleine Kruzifix Leinbergers, und vor 20 Jahren konnten wir das treffliche Buchsrelief der Beweinung unter dem Kreuz um 400 Mark erwerben. Das Gegenstück, die Abnahme vom Kreuz, hatte mir gerade Adalbert von Lanna für den gleichen Preis weggekauft. Auf der Versteigerung seiner Sammlung in Berlin, sieben Jahre später, wurde es uns auf 32000 Mark getrieben, aber erfreulicherweise geschenkt. Der liebenswürdige Baron Lanna, dem ich beim Sammeln oft behilflich gewesen bin, war kaum je zu bewegen, ein Stück aus seiner Sammlung abzugeben. Ganz ausnahmsweise gelang mir einmal ein Tausch mit ihm ; für ein Modell König Ludwigs von Ungarn, das ihm in seiner fast vollständigen Sammlung von Habsburger Medaillen fehlte, konnte ich das Susannarelief von dem auch in zwei großen dekorativen Reliefs bei uns vertretenen Victor Kaiser erhalten; wohl die geistvollste Arbeit unter allen Solenhofer Reliefs der Hochrenaissance.

Eine außerordentliche Bereicherung erhielt die Abteilung der deutschen Plastik in neuester Zeit wieder durch Herrn Dr. James Simon, der seine mehrere hundert Bildwerke des 15. und 16. Jahrhunderts umfassende Sammlung vor vier Jahren dem Museum zum Geschenk machte. Dadurch hat unsere Abteilung von manchen Meistern, namentlich an Arbeiten der Kleinplastiker, sehr wichtigen Zuwachs erhalten. Die Sammlung wird, wie die durch den gleichen Gönner unserer Museen zur Eröffnung des Kaiser-Friedrich-Museums gestiftete Sammlung primitiver italienischer Kunst, im neuen Deutschen Museum einen eigenen Saal erhalten, der durch alte Möbel, deutsche Wandteppiche und einige Bilder der gleichen Zeit die angemessenste, würdigste Ausstattung erhalten wird.

Der Ausbau der Gemäldegalerie und der Abteilung der Bildwerke christlicher Plastik war mir als Leiter dieser beiden Abteilungen amtliche Pflicht. Mein besonderes Privatvergnügen, freilich gemischt mit manchen Sorgen und Kämpfen, war mir nebenher die Begründung von ein paar neuen Abteilungen, welche auf meine Anregung zurückgehen und die heute schon zu den hervorragendsten Sammlungen ihrer Art gehören: die ostasiatische und die islamische Abteilung. Die islamische wurde begründet bei der Eröffnung des Kaiser-Friedrich-Museums, durch die Schenkung meiner Teppichsammlung und die Aufstellung der Sammlung islamischer Altertümer aus dem Besitz von Herrn Professor Sarre, der zugleich die Leitung der damit begründeten Abteilung übernahm. Die Begründung der Abteilung ostasiatischer Kunst wurde gleichzeitig beschlossen; durch Stiftungen seitens verschiedener Gönner unserer Museen wurden den beiden tüchtigsten deutschen Kennern ostasiatischer Kunst, Professor Ernst Große und Dr. Otto Kümmel, ein mehrjähriger Aufenthalt in Japan und China ermöglicht, den sie in ausgiebigster Weise zum Ankauf von Werken alter Kunst benutzten. Zu ihren Erwerbungen kam die großartige Stiftung der Meier-Großeschen Sammlung und der des japanischen Konsuls Jacoby; dadurch ist diese junge Abteilung jetzt schon die bedeutendste und gewählteste Sammlung klassischer ostasiatischer Kunst in Europa.

Die islamische Sammlung steht der ostasiatischen nicht nach, hat aber noch eine besondere Bedeutung durch das gewaltigste und kunsthistorisch wichtigste Dekorationsstück der frühesten Zeit, die Fassade von M'schatta, die kurz vor Eröffnung des Kaiser-Friedrich-Museums hier ankam und *provisorisch* hier ihren Platz finden mußte. Auf dieses Wunderwerk orientalischer Kleinarbeit in kolossalem Umfang wurde ich durch Professor Strzygowski aufmerksam gemacht; er teilte mir mit, daß die Steine dieses Wüstenschlosses zwei Tagereisen östlich vom Toten Meer von den Architekten der Mekkabahn zum Unterbau der Bahn benutzt würden, so daß sie nur durch sofortigen Eingriff seitens des Sultans gerettet werden könnten. Auf meine Vorstellung sandte Kaiser Wilhelm eine Depesche an den Sultan, der ihm in umgehender Rückantwort die in ihrem damaligen Zustande noch rund 40 m breite und bis zu 5m hohe Schmuckfassade zum Geschenk machte. Dank der energischen Beihilfe unserer Archäologen Geheimrat Wiegand und des Professor Puchstein, der auf der Rückreise von Palmyra die Abtragung und den Transport auf Kamelen bis zur Jaffabahn besorgte, und dank der Deckung der Unkosten des Transportes durch Gönner der Museen wurde dies Geschenk damals nicht, wie man befürchtete, zum Danaergeschenk; dazu scheint es erst jetzt das Debâcle unserer Neubauten zu machen.

Eine Sammlung altvorderasiatischer und persischer Teppiche hatte ich im Laufe der Jahre, neben ähnlichen Erwerbungen für das Kunstgewerbemuseum, zur Dekoration meines Hauses, meist in Italien zusammengebracht. Die Kirchen, in denen sie sich seit Jahrhunderten erhalten hatten, tauschten sie den Händlern gegen *echte Brüsseler* Teppiche um, weil die den Geistlichen schöner und dauerhafter erschienen; von den Antiquaren kauften sie aber damals fast nur die Maler und dann nur für sehr niedrige Preise. Den ersten Teppich, den in Farbe und Zeichnung wirkungsvollsten mir bekannten Gebetteppich vom Ende des 15. Jahrhunderts, erwarb ich schon gleich nach dem Kriege 1871 in Venedig um 35 Lire, einen etwa gleichaltrigen, sehr großen, sogenannten armenischen Teppich mit mongolischen Tiermustern, der aus einer der alten Kirchen der Inseln um Venedig stammte, noch acht oder zehn Jahre später um 120 Lire, den frühesten bisher bekannten maurischen Teppich (14. Jahrhundert) aus einer Tiroler Kirche im Münchener Kunsthandel um 60 Mark und nur wenig teurer noch manch anderes Stück; erst in den letzten Jahren vor der Schenkung mußte ich gelegentlich bis zu 500 und selbst 1000 Lire für ein intaktes Stück von neuer Zeichnung anwenden. Als ich mich zur Schenkung meiner Sammlung entschloß – sie wurde längere Zeit nicht angenommen, weil ich dabei die Gründung einer besonderen islamischen Abteilung zur Bedingung gemacht hatte, – machten mir eine Anzahl Bekannte, für die ich lange gesammelt hatte, die Freude, seltene Stücke aus ihrem Bestand alter Teppiche dieser Stiftung hinzuzufügen: Baron Heinrich Tucher, Dr. James Simon, Graf Hans Wilczek, Fürst Johannes Liechtenstein, Dr. W. von Dirksen. Zusammen mit einzelnen seltenen Stücken, die wir seither noch erwarben, steht unsere Teppichsammlung jetzt mit in erster Reihe unter den Sammlungen dieser

Art. Der Vervollständigung der neuen Abteilung nach der Richtung der persischen. Fayencen, der Metallarbeiten, Glas-, Holz- und Lederarbeiten usw. hat sich seit der Begründung der islamischen Abteilung Dr. Sarre unterzogen, der Anfang dieses Jahres auch den Hauptteil seiner eigenen reichen und sehr wertvollen Sammlung der Art durch Schenkung mit unserer Museumssammlung vereinigt und diese auch sonst durch Erwerbungen im Orient, vor allem durch die epochemachenden Grabungen in Samarra, der Hauptstadt der Kalifen um die Mitte des 9. Jahrhunderts, wesentlich bereichert hat.

Nachdem Dr. Sarre neuerdings zum Direktor der Abteilung ernannt worden ist, deren freiwilliger Leiter er durch 17 Jahre war, hat er die Sammlung in den erweiterten Räumen teilweise neu aufgestellt, um allmählich die Überführung in einen eigenen Bau vorzubereiten. Wohin aber? Seit zwei Jahren tobt der *Museumskrieg* in Dahlem auch darüber, ob das im Äußeren nahezu fertige Asiatische Museum nur als Schuppen verwendet werden darf, und dann die Asiatischen Sammlungen an ganz verschiedenen Stellen aufs notdürftigste untergebracht werden sollen. Dies ist der Plan unseres Staatssekretärs Dr. Becker, unterstützt durch das Finanzministerium, das die Kosten der Einrichtung des Asiatischen Museums und seiner Erhaltung sparen will. Aber dieser Plan, der die Kunstwerke der Sammlungen im Kaiser-Friedrich-Museum weiter gefährdet, würde auch kaum Ersparnisse bringen, da die Unkosten für Umzug, Einrichtung und Bewachung, sowie auch etwaige Umbauten dabei nicht zu ersparen sind. Die Mittel zum Ausbau des Asiatischen Museums und zum Umzug der Asiatischen Sammlungen nach Dahlem sind aber, ganz abgesehen von den sehr beträchtlichen Summen, die das Reich an Preußen für Kunstwerke schuldet, reichlich vorhanden, durch die Erträge, welche die Abgabe der Tausende von überflüssigen Dubletten in den ethnographischen Abteilungen bei einem Verkauf bringen würde. Möge ein gnädiges Geschick unsere Museen vor weiteren unvorsichtigen Experimenten bewahren. Wir sehen an der uferlosen und um so kostspieligeren Hinzögerung der Inselbauten Hoffmanns, wohin der innere Kampf führt, und der Raub der Genter Altartafeln der Brüder van Eyck und der Bilder von Dirk Bouts ist uns das Menetekel, welche Gefahren uns von außen nach dieser Richtung noch drohen!

Beihilfe für andere Museen und Privatsammlungen. Aufstellung der Kunstwerke und Ausstellungen alter Kunst aus Privatbesitz in Berlin

Für alle bisher genannten Abteilungen unsrer Museen hatte ich als ihr Leiter oder als ihr Begründer zu sorgen. Ich habe aber auch jede Gelegenheit benutzt, wo ich den übrigen Abteilungen und anderen öffentlichen Kunstsammlungen Deutschlands behilflich sein konnte; nicht nur durch Bemühung um außerordentliche Staatsmittel in den fünfzehn Jahren, in denen ich Generaldirektor war, sondern vor allem durch Unterstützungen, die ich von Gönnern unserer Museen oder durch eigene Zuwendungen beschaffte. Letzteres gilt namentlich für das Kunstgewerbemuseum, dessen Sammlungen italienischer Majoliken, alter orientalischer Teppiche u. s. f. ich wesentlich bereichern konnte. Dem Münzkabinett konnte ich u. a. zur Erwerbung der großen Sammlungen Fox und Lübbecke verhelfen. Dem Kupferstichkabinett habe ich in dem langen Interregnum, das dort vor Lippmanns Anstellung herrschte, die Sammlungen der Handzeichnungen von Haußmann und B. Suermondt und später die starke Bereicherung unserer Rembrandt-Zeichnungen aus den Sammlungen Posonyi und Rouppel verschaffen helfen. In der Antikensammlung habe ich namentlich die griechischen Bildwerke in den Palästen Giustiniani in Venedig und Padua, in denen ich mich gleichzeitig um die Erwerbung eines wertvollen Bildes bemühte, festzuhalten gesucht, bis die Erwerbung nach Jahren gelang. Wenn die Reliefs vom Thron der Aphrodite, die jetzt das Thermenmuseum und das Museum zu Boston schmücken, nicht in unsere Sammlung gelangt sind, so ist das wahrlich nicht meine Schuld. Mein Eifer, jederzeit allen Abteilungen unserer Museen behilflich zu sein, wurde ja gelegentlich von Kollegen als unberechtigter Eingriff in ihre Rechte abgelehnt. Die eigentümlichste Erfahrung nach dieser Richtung machte ich in Magdeburg, wo ich auf Wunsch des Oberbürgermeisters zunächst eine kleine Sammlung alter Gemälde (Stiftung Grüson) und kunstgewerblicher Gegenstände, sowie – als Anfang einer Sammlung niedersächsischer Provinzialkunst – die Überreste des Doms von Goslar und einen intakten großen Altar aus der Nähe von Braunschweig vom Anfang des 15. Jahrhunderts erworben hatte. Als ein junger Direktor zur Leitung des neuen Museums berufen wurde, war das erste, daß er diese vaterländischen Reliquien an das Museum in Utrecht abgab, da es doch nicht mehr möglich sei, eine Sammlung niedersächsischer Kunst zusammenzubringen. Solche – freilich seltenen – Erfahrungen haben mich nie abgeschreckt, zu helfen, wo ich konnte, um Kunstwerke für öffentliche wie für private Sammlungen in Deutschland zu gewinnen. Das ist mir besonders für die Museen in Cöln, für die Kunsthalle in Hamburg, wo ich Lichtwark namentlich bei der Zusammenbringung seiner Sammlung althamburgischer Kunst behilflich sein konnte, und für die Galerie in Straßburg geglückt. Straßburg ist heute französisch, aber es gereut mich nicht, daß ich dem urdeutschen Elsaß eine Galerie zusammenbringen konnte, der an Vielseitigkeit und Qualität nur wenige französische Museen außerhalb Paris sich an die Seite stellen können.

Neben der Vermehrung der Sammlungen unserer Museen hat mir von vornherein ihre Erhaltung, Ordnung und Aufstellung am Herzen gelegen. Statt der bis dahin in den öffentlichen Galerien fast allgemein üblichen dichten Behängung der Wände mit Gemälden bis an die Decke hinauf, suchte ich in einer lockerern Aufstellung der Gemälde durch möglichste Abwechslung in Format, Darstellung und Farbe jede Wand zu einem ansprechenden Bilde für sich zu gestalten. Nachdem wir allmählich eine reichere Sammlung von Bildwerken der italienischen wie der deutschen Schule zusammengebracht hatten, konnte ich auch den Versuch machen, Gemälde und Skulpturen der gleichen Zeit und Schulen in einem und demselben Raum zusammen aufzustellen und einige charakteristische Möbel und Dekorationsstücke derselben Epoche hinzuzufügen. Es zeigte sich, daß sich eine solche Anordnung sehr wirkungsvoll gestalten läßt, wenn man die Mischung sparsam macht, wenn man entweder die Gemälde oder die Bildwerke vorwiegen läßt, wenn man Robbia-Werke und Bronzen wegen ihres Glanzes und ihrer zu hellen resp. zu dunkeln Färbung möglichst davon ausschließt und für sich ausstellt. Durch eine solche Aufstellung, die in großen Museen am besten auf gewisse Räume beschränkt wird, läßt sich der magazinartige Eindruck, den namentlich die Gemäldesammlungen bei der alten Aufstellung machten, überwinden, und es ist möglich, je nach der Art der Sammlungen, in mannigfachster Weise reizvolle

Wirkungen zu erzielen. Das haben wir namentlich auf die verschiedenste Art im Kaiser- Friedrich-Museum erprobt, nachdem wir schon sehr viel früher einen ersten Versuch im großen gelegentlich der Ausstellung alter Kunst zur Silberhochzeit des Kronprinzenpaares 1883 gemacht hatten.

Diese Ausstellung, die erste in ihrer Art in Berlin, belebte nicht nur die berliner Sammeltätigkeit, die im großen Stil erst von hier datiert, sie ermutigte zu regelmäßigen Ausstellungen alter Kunst im Privatbesitz unter immer neuen Gesichtspunkten, deren Anordnung später unser Museumsverein in die Hand nahm, und bestimmte auch die Sammler, die Aufstellung ihrer Kunstwerke in ihren Räumen in ähnlicher Weise zu machen. Wir haben die Freude gehabt, daß diese Aufstellung in manchen Museen, soweit die Kunstwerke dafür vorhanden waren, Nachahmung gefunden hat, in neuester Zeit sogar im Louvre. Daß diese Anordnung dort keine zufällige ist, ist dadurch offen anerkannt, daß kürzlich – wie ich höre – in einem Vortrag im Louvre auf das in unserem Museum gegebene Vorbild hingewiesen und mir persönlich für die Anregung und Durchführung dieser neuen Art musealer Anordnung gedankt worden ist.

Solche Anerkennung durch das Ausland, zumal jetzt von französischer Seite, ist jedoch nur eine schwache Entschädigung dafür, daß mein Plan der Neubauten nahe vor ihrer Vollendung umgeworfen und durch einen andern Plan ersetzt worden ist, der für fast alle daran beteiligten Abteilungen unserer Museen eine durchaus ungenügende Lösung gibt. Da auch die Vergeudung der Mittel und Arbeitskräfte dabei in ungeschwächter Weise fortgesetzt wird und sogar die alten Bauten und zum Teil selbst die Kunstwerke darin weiter gefährdet und selbst geschädigt werden, so gebe ich die Hoffnung nicht auf, daß schließlich doch einmal der Plan, der bisher bei den Neubauten zugrunde gelegt worden ist, wieder aufgenommen werden wird, zumal dafür die Mittel in den fast zahllosen, für die klare und geschmackvolle Anordnung nur schädlichen Dubletten vorhanden sind. Daß man sich zu dieser Kassierung meines Planes entschloß, ohne mich dabei irgendwie heranzuziehen, daß man seit mehreren Jahren die mit der Aufsicht über den Bau betraute Museumsbaukommission ausgeschaltet und mir den Vorsitz genommen hat, daß man endlich die von mir für die Fortführung der Bauten als Geschenk angebotenen mehreren Millionen Mark einfach ablehnte, ohne mich auch nur zu hören, war freilich nicht die Anerkennung, wie ich sie für fünfzigjährigen Dienst in diesen meinen Ämtern erwarten durfte.

Über tredition

Eigenes Buch veröffentlichen

tredition wurde 2006 in Hamburg gegründet und hat seither mehrere tausend Buchtitel veröffentlicht. Autoren veröffentlichen in wenigen leichten Schritten gedruckte Bücher, e-Books und audio-Books. tredition hat das Ziel, die beste und fairste Veröffentlichungsmöglichkeit für Autoren zu bieten.

tredition wurde mit der Erkenntnis gegründet, dass nur etwa jedes 200. bei Verlagen eingereichte Manuskript veröffentlicht wird. Dabei hat jedes Buch seinen Markt, also seine Leser. tredition sorgt dafür, dass für jedes Buch die Leserschaft auch erreicht wird.

Im einzigartigen Literatur-Netzwerk von tredition bieten zahlreiche Literatur-Partner (das sind Lektoren, Übersetzer, Hörbuchsprecher und Illustratoren) ihre Dienstleistung an, um Manuskripte zu verbessern oder die Vielfalt zu erhöhen. Autoren vereinbaren direkt mit den Literatur-Partnern die Konditionen ihrer Zusammenarbeit und partizipieren gemeinsam am Erfolg des Buches.

Das gesamte Verlagsprogramm von tredition ist bei allen stationären Buchhandlungen und Online-Buchhändlern wie z. B. Amazon erhältlich. e-Books stehen bei den führenden Online-Portalen (z. B. iBookstore von Apple oder Kindle von Amazon) zum Verkauf.

Einfach leicht ein Buch veröffentlichen: **www.tredition.de**

Eigene Buchreihe oder eigenen Verlag gründen

Seit 2009 bietet tredition sein Verlagskonzept auch als sogenanntes "White-Label" an. Das bedeutet, dass andere Unternehmen, Institutionen und Personen risikofrei und unkompliziert selbst zum Herausgeber von Büchern und Buchreihen unter eigener Marke werden können. tredition übernimmt dabei das komplette Herstellungs- und Distributionsrisiko.

Zahlreiche Zeitschriften-, Zeitungs- und Buchverlage, Universitäten, Forschungseinrichtungen u.v.m. nutzen diese Dienstleistung von tredition, um unter eigener Marke ohne Risiko Bücher zu verlegen.

Alle Informationen im Internet: **www.tredition.de/fuer-verlage**

tredition wurde mit mehreren Innovationspreisen ausgezeichnet, u. a. mit dem Webfuture Award und dem Innovationspreis der Buch Digitale.

tredition ist Mitglied im Börsenverein des Deutschen Buchhandels.

Dieses Werk elektronisch lesen

Dieses Werk ist Teil der Gutenberg-DE Edition DVD. Diese enthält das komplette Archiv des Projekt Gutenberg-DE. Die DVD ist im Internet erhältlich auf **http://gutenbergshop.abc.de**

Zeitfracht Medien GmbH
Ferdinand-Jühlke-Straße 7
99095 Erfurt, Deutschland
produktsicherheit@kolibri360.de